AKAL / PENSAMIENTO CRÍTICO

124

AF 727475

Diseño interior y cubierta: RAG

Motivo de cubierta: Antonio Huelva Guerrero
Instagram: @sr.pomodoro

Queda prohibida la reproducción, plagio, distribución, comunicación pública o cualquier otro modo de explotación –total o parcial, directa o indirecta– de esta obra sin la autorización de los titulares de los derechos de propiedad intelectual o sus cesionarios. La infracción de los derechos acreditados de los titulares o cesionarios puede ser constitutiva de delito contra la propiedad intelectual (artículos 270 y siguientes del Código Penal).

Ninguna parte de este libro puede utilizarse o reproducirse de cualquier manera posible con el fin de entrenar o documentar tecnologías o sistemas de inteligencia artificial.

1.ª edición, 2019
2.ª edición, 2024
Reimpresión, 2025

Título original:
Was ist los mit Israel? Die zehn Hauptmythen des Zionismus

© Ilan Pappé, 2016

© Ediciones Akal, S. A., 2019, 2024
para lengua española
Sector Foresta, 1
28760 Tres Cantos
Madrid - España
Tel.: 918 061 996
atencion.cliente@akal.com
www.akal.com

ISBN: 978-84-460-5615-7
Depósito legal: M-21.133-2024

Impreso en España

Ilan Pappé

Los diez mitos de Israel

Traducción de la obra
Juanmari Madariaga

Traducción del posfacio
Sandra Chaparro Martínez

akal
ARGENTINA
ESPAÑA
MÉXICO

ASENTAMIENTOS ISRAELITAS
EN CISJORDANIA
LÍBANO
Damasco
SIRIA
Mar Mediterráneo
Akka
Haifa
Galilea
Mar de
Galilea
Nazareth
Tulkarm
Nablus
Taybeh
Qalqilya
Tel Aviv
Jaffa
Cisjordania
Río Jordán
Amán
Ramallah
Jerusalén
Silwan
Gaza
Franja de Gaza
Khan Yunis
Hebrón
Mar
Muerto
ESTADO DE ISRAEL
JORDANIA
EGIPTO
Naqab-Negev
SINAÍ
Territorio del Estado palestino
Barrera
0 10 20 30 40 millas

PREFACIO

La historia pervive en el núcleo de cada conflicto. Una comprensión fiel e imparcial del pasado ofrece una posibilidad de paz. La distorsión o manipulación de la historia, en cambio, sembrará por sí sola el desastre. Como muestra el ejemplo del conflicto entre Israel y Palestina, una desinformación histórica, incluso del pasado más reciente, puede causar un daño tremendo. Este malentendido deliberado de la historia puede promover la opresión y proteger un régimen de colonización y ocupación. No es sorprendente, por tanto, que los planes de desinformación y distorsión se mantengan hasta el presente y jueguen un papel crucial en la perpetuación del conflicto, dejando muy pocas esperanzas para el futuro.

Las falacias construidas sobre el pasado y el presente de Israel y Palestina nos impiden entender los orígenes del conflicto. Mientras tanto, la manipulación constante de los hechos más relevantes funciona contra los intereses de todas las personas victimizadas por el continuo derramamiento de sangre y violencia. Así las cosas, ¿qué se puede y se debe hacer?

El relato histórico sionista de cómo esa tierra disputada se convirtió en el Estado de Israel se basa en un conjunto de mitos que sutilmente arrojan dudas sobre el derecho moral de los palestinos a la tierra. La corriente dominante de las elites mediáticas y políticas occidentales acepta ese conjunto de mitos como una verdad incuestionable, y también como la justificación de las acciones israelíes durante los últimos sesenta años, poco más o menos. Y con mucha frecuencia, la aceptación tácita de esos mitos sirve como explicación de la inhibición de los gobiernos occidentales y de su negativa a intervenir de forma significativa en un conflicto que se mantiene desde la fundación de la nación.

Este libro desafía esos mitos que se presentan ante la opinión pública como verdades indiscutibles. Esas declaraciones son, a mi entender, distorsiones y falsificaciones que pueden y deben ser refutadas mediante un examen más detallado del registro histórico. El hilo común que corre a lo largo de este el libro es la yuxtaposición de las suposiciones populares y la realidad histórica. Situando cada mito frente a la verdad, cada capítulo expone las debilidades de la sabiduría convencional mediante un examen de las últimas investigaciones históricas.

El libro cubre diez mitos –o grupos de mitos– fundacionales, que son comunes y reconocibles para cualquier persona interesada de un modo u otro por la cuestión Israel-Palestina. Los mitos y los contraargumentos siguen un orden cronológico.

El primer capítulo presenta Palestina tal como era en vísperas de la llegada del sionismo a finales del siglo XIX. El mito es la representación de Palestina como una tierra vacía, árida, casi desértica, que fue cultivada, casi por vez primera, por los sionistas recién llegados. El contraargumento revela una próspera sociedad preexistente que experimentaba procesos acelerados de modernización y nacionalización.

El mito de que Palestina era una tierra sin gente tiene su correlato en el famoso mito del pueblo sin tierra, el tema del capítulo 2. ¿Eran los judíos verdaderamente los habitantes originales de Palestina que merecían ser apoyados de todas las maneras posibles en su «retorno» a su «patria»? El mito insiste en que los judíos que llegaron en 1882 eran los descendientes de los judíos expulsados por los romanos alrededor del 70 d. de C. El contraargumento cuestiona esta conexión genealógica. Conocidas investigaciones académicas han demostrado que muchos judíos de la Palestina romana permanecieron en el territorio y se convirtieron primero al cristianismo y luego al islam. Quiénes eran esos judíos retornados es todavía una pregunta abierta, quizá los jázaros, que se convirtieron al judaísmo en el siglo IX. O tal vez la mezcla de razas durante más de un milenio excluye cualquier respuesta a tal pregunta. En este capítulo argumento algo más importante, que en el periodo presionista la conexión entre las comunidades judías en el mundo y Palestina era religiosa y espiritual, no política. La asociación del regreso de los judíos con la estatalidad, antes del surgimiento del sionismo, era un proyecto cristiano hasta el siglo XVI y después una variante protestante específica (en particular, anglicana).

El capítulo 3 examina detalladamente el mito que equipara al sionismo con el judaísmo (por lo que el antisionismo solo se puede entender como antisemitismo). Trato de refutar esa ecuación mediante una evaluación histórica de las actitudes judías frente al sionismo y un análisis de la manipulación sionista del judaísmo por razones coloniales y, más tarde, estratégicas.

El cuarto capítulo se ocupa de la afirmación de que no hay conexión entre el colonialismo y el sionismo. Según este mito el sionismo es un movimiento de liberación nacional, mientras que el contraargumento lo enmarca como un proyecto colonialista, de hecho colonizador, similar a los vistos en Sudáfrica, las Américas y Australia. La importancia de esta refutación es que refleja qué pensamos sobre la resistencia palestina frente al sionismo y luego frente a Israel. Si Israel es solo una democracia que se defiende, entonces las organizaciones palestinas como la OLP son puramente terroristas. Si por el contrario su lucha es contra un proyecto colonialista, entonces forman parte de un movimiento anticolonialista y su imagen internacional será muy diferente de la que Israel y sus seguidores imponen a la opinión pública mundial.

El capítulo 5 repasa las conocidas mitologías de 1948. En particular pretende recordar a los lectores que la historiografía profesional ha desmentido con éxito la afirmación de la huida voluntaria de los palestinos. También se discuten en ese capítulo otras historias asociadas con los eventos de 1948.

El último capítulo histórico se pregunta si la guerra de 1967 le fue impuesta a Israel y fue, por tanto, «imposible de evitar». Yo afirmo, por el contrario, que formaba parte del deseo de Israel de completar la conquista de Palestina que casi se había logrado en la guerra de 1948. La planificación para la ocupación de Cisjordania y la Franja de Gaza comenzó en 1948 y no cesó hasta la oportunidad histórica ofrecida por una imprudente decisión egipcia en junio de 1967. Además, sostengo que las medidas israelíes inmediatamente después de la ocupación demostraban que Israel anticipó la guerra más que verse involuntariamente obligada a ella.

El séptimo capítulo nos trae hasta el presente. ¿Es Israel un estado democrático, pregunto, o es una entidad no democrática? Defiendo esta última opción examinando el estatus de los palestinos dentro de Israel y en los territorios ocupados (que juntos constituyen casi la mitad de la población gobernada por Israel).

El capítulo 8 trata del proceso de Oslo. Después de casi un cuarto de siglo desde la firma del acuerdo, tenemos una buena perspectiva sobre los fallos relacionados con el proceso y podemos preguntarnos si fue un acuerdo de paz que falló o una estratagema israelí exitosa para profundizar la ocupación.

Una perspectiva similar se puede aplicar ahora a la Franja de Gaza y el mito todavía ampliamente aceptado de que la miseria de la gente de allí se debe a la naturaleza terrorista de Hamás. En el noveno capítulo opto por disentir y presentar otra interpretación de lo que ha sucedido en Gaza desde el final del siglo pasado.

Por último, en el capítulo décimo, desafío el mito de que la solución de dos Estados es el único camino a seguir. Hemos sido bendecidos con excelentes obras activistas y académicas criticando esa fórmula y ofreciendo soluciones alternativas. Constituyen un desafío formidable a este último mito.

El libro también incluye como apéndice una cronología que ayudará a los lectores a contextualizar aún más los argumentos.

Mi esperanza es que, ya sea el lector sea un recién llegado al tema, o un estudioso veterano en él, el libro será una herramienta útil. Está dirigido principalmente a cualquiera que se vea en un dilema sobre el tema perenne de la cuestión Israel-Palestina. No es un libro equilibrado, es un intento de restablecer el equilibrio del poder en nombre de los palestinos colonizados, ocupados y oprimidos en la tierra de Israel y Palestina. Sería una verdadera oportunidad si los defensores del sionismo o partidarios leales de Israel también estuvieran dispuestos a discutir los argumentos que aquí se presentan. Después de todo, el libro está escrito por un judío israelí que se preocupa por su propia sociedad tanto como por la palestina. Refutar las mitologías que sostienen las injusticias debería ser beneficioso para todos los que viven en el país o desean vivir allí. Constituye una base sobre la cual todos sus habitantes podrían disfrutar de los grandes logros a los que actualmente solo tiene acceso un grupo privilegiado.

Además, el libro será una herramienta útil para los activistas que reconocen que el conocimiento sobre Palestina es tan necesario como el compromiso con su causa. No es un sustituto del increíble trabajo realizado por muchos autores a lo largo de los años, cuyas contribuciones han hecho posible un libro como este, pero puede servir como punto de acceso a ese conocimiento.

Los estudiantes e investigadores pueden servirse de este libro si se han curado del mayor malestar del mundo académico de nuestro tiempo: la idea de que el compromiso socava la excelencia en la investigación académica. Los mejores estudiantes de pregrado y posgrado que he tenido el placer de aleccionar y supervisar eran los más comprometidos. Este libro es solo una modesta invitación a que los futuros académicos abandonen sus torres de marfil y se reencuentren con las sociedades en cuyo nombre llevan a cabo su investigación. Ya escriban sobre el calentamiento global, la pobreza o Palestina, deberían llevar con orgullo su compromiso en trabajos académicos. Y si sus universidades todavía no están preparadas para ello, deberían ser lo suficientemente inteligentes como para jugar el juego de la «investigación académica objetiva e imparcial» sobre estos temas conflictivos, reconociendo plenamente su falsa pretensión.

Para el público en general, este libro presenta una versión bastante simple de un tema que a menudo puede parecer extremadamente complicado (como de hecho lo son algunos de sus aspectos), pero que puede explicarse y relacionarse fácilmente desde la perspectiva universal de la justicia y los derechos humanos.

Finalmente, espero que este libro aclare algunos de los profundos malentendidos que se albergan en el corazón del problema Israel-Palestina, tanto en el pasado como en el presente. Mientras estas distorsiones y suposiciones heredadas no sean cuestionadas, continuarán proporcionando un escudo de inmunidad para el actual régimen inhumano en la tierra de Palestina. Al examinar esos supuestos a la luz de las últimas investigaciones, podemos ver cuán lejos están de la verdad histórica y por qué restablecer directamente los registros históricos podría tener un impacto en las posibilidades de paz y reconciliación en Israel y Palestina.

PRIMERA PARTE

Las falacias del pasado

CAPÍTULO I

Palestina era una tierra vacía

El espacio geopolítico que hoy llamamos Israel o Palestina ha sido un país reconocido desde la época romana. Su estatus y condiciones en el pasado distante son objeto de acalorados debates entre quienes creen que fuentes como la Biblia no tienen valor histórico y quienes la consideran un relato riguroso. La importancia de la historia prerromana del país será tratada en este libro en los próximos capítulos. De todos modos, parece que hay un amplio consenso entre los estudiosos de que fueron los romanos quienes dieron a esa tierra el nombre «Palestina», que precedió a todas las demás referencias similares. Durante el periodo de dominio romano, y más tarde bizantino, era una provincia imperial y su destino dependía de la fortuna de Roma y más tarde de Constantinopla.

Desde mediados del siglo VII la historia de Palestina estuvo estrechamente relacionada con los mundos árabe y musulmán (con un breve intervalo en el que quedó bajo el dominio de los cruzados). Varios imperios musulmanes y las dinastías del norte, este y sur del país aspiraban a controlarlo, ya que era sede del segundo lugar más sagrado para la religión musulmana después de La Meca y Medina. También tenía otras atracciones, por supuesto, debido a su fertilidad y ubicación estratégica. La riqueza cultural de algunos de estos imperios del pasado todavía se puede ver en algunos lugares de Israel/Palestina, aunque la arqueología local da prioridad a las herencias romana y judía y de ahí que el legado de los mamelucos y los selyúcidas, aquellas fértiles y prósperas dinastías islámicas medievales, apenas haya sido investigado.

Aún más relevante para una comprensión de Israel/Palestina tal como es actualmente es el periodo otomano, que comienza con su ocupación del territorio en 1517. Los otomanos permanecieron allí durante 400 años y su legado se deja todavía sentir hoy en varios aspectos. El sistema legal de Israel, los registros judiciales religiosos *(sijjil)*, el registro de la propiedad inmobiliaria o catastro *(tapu)* y algunas gemas arquitectónicas atestiguan la importancia de la presencia otomana. Cuando llegaron los turcos otomanos encontraron allí una sociedad mayoritariamente musulmana sunní y rural pero con pequeñas elites urbanas que hablaban árabe. Menos del 5% de la población era judía y probablemente de un 10 a un 15% eran cristianos. Como comenta Yonatan Mendel:

> El porcentaje exacto de judíos antes del surgimiento del sionismo es desconocido. Sin embargo, probablemente oscilaba entre el 2 y el 5%. De acuerdo con los registros otomanos, en lo que hoy es Israel/Palestina residía en 1878 una población total de 462.465 personas, de las que 403.795 (el 87%) eran musulmanas, 43.659 (el 10%) eran cristianas y 15.011 (el 3%) eran judías[1].

Las comunidades judías de todo el mundo consideraban la Palestina de aquella época como la Tierra Santa de la Biblia. En el judaísmo la peregrinación a los Santos Lugares no tiene el mismo papel que en el cristianismo y el islam, pero aun así algunos judíos lo veían como un deber y visitaban el país como peregrinos en pequeñas cantidades. Como mostraré en uno de los capítulos del libro, antes de la aparición del sionismo eran principalmente cristianos los que deseaban, por razones eclesiásticas, establecer a los judíos en Palestina de forma más permanente.

No habría manera de saber que ese espacio se llamaba Palestina durante los cuatro siglos de dominio otomano mirando el sitio web oficial del Ministerio de Asuntos Exteriores de Israel relacionado con la historia del país desde el siglo XVI:

---

[1] Jonathan Mendel, *The Creation of Israeli Arabic: Political and Security Considerations in the Making of Arabic Language Studies in Israel*, Londres, Palgrave Macmillan, 2014, p. 188.

Tras la conquista otomana en 1517, el territorio se dividió en cuatro distritos, adjuntos administrativamente a la provincia de Damasco y gobernados desde Estambul. Al comienzo de la era otomana vivían en el país unas mil familias judías, principalmente en Jerusalén, Nablus (Schechem), Hebrón, Gaza, Safed (Tzfat) y las aldeas de Galilea. La comunidad estaba compuesta por descendientes de judíos que siempre habían vivido allí, así como inmigrantes procedentes del norte de África y Europa.

El disciplinado gobierno hasta la muerte del Sultán Suleimán el Magnífico (1566) aportó mejoras y estimuló la inmigración judía. Algunos recién llegados se establecieron en Jerusalén, pero la mayoría lo hicieron en Safed, donde a mediados del siglo XVI la población judía se había elevado a unas 10.000 personas y la ciudad se había convertido en un próspero centro textil[2].

La Palestina del siglo XVI, al parecer, era principalmente judía y la vida comercial de la región se concentró en las comunidades judías en estas ciudades. ¿Qué pasó después? Según el sitio web del Ministerio de Asuntos Exteriores israelí,

> con la disminución gradual de calidad del dominio otomano, el país sufrió un mal gobierno generalizado. A finales del siglo XVIII gran parte de la tierra pertenecía a propietarios ausentes que la arrendaban a campesinos empobrecidos, con impuestos que eran tan paralizantes como caprichosos. Los grandes bosques de Galilea y el monte Carmelo habían perdido sus árboles; pantanos y desiertos invadían las tierras cultivables.

Según ese relato, hacia 1800 Palestina se había convertido en un desierto, donde agricultores venidos de fuera cultivaban tierras yermas que no eran suyas. La propia tierra parecía ser una isla, con una población judía significativa, gobernada desde el exterior por los otomanos y que sufría proyectos imperiales intensivos que le robaban al suelo su fertilidad. Cada año que pa-

[2] Web oficial del Ministerio de Asuntos Exteriores de Israel, mfa.gov.il/MFA/facts+About+Israel/.../History-+Foreign+Domination.htm.

saba la tierra se volvía más estéril, la deforestación aumentaba y las tierras de cultivo se convertían en desiertos. Pero esta imagen inventada, promovida desde un sitio web estatal, no tiene fundamento.

Es amargamente irónico que al componer esta narración los autores no se basaran en la erudición israelí. La mayoría de los estudiosos israelíes dudarían mucho antes de aceptar la validez de estas declaraciones o de patrocinar tal narración. De hecho, muchos de ellos, como David Grossman (el demógrafo, no el autor famoso), Amnon Cohen y Yehoushua Ben-Arieh, la han cuestionado con éxito. Su investigación muestra que, durante siglos, Palestina no fue ningún desierto sino una próspera sociedad árabe, principalmente musulmana, predominantemente rural, pero con vibrantes centros urbanos.

A pesar del cuestionamiento de esa narración parahistórica, esta todavía se propaga a través del currículo educativo israelí, así como en los medios, a cargo de académicos de menor fuste pero con mayor influencia en el sistema educativo[3]. Fuera de Israel, en particular en Estados Unidos, la suposición de que la Tierra Prometida estaba vacía, desolada y sin árboles antes de la llegada del sionismo, sigue viva y coleando, por lo que es digna de atención. Debemos examinar los hechos.

La narración real revela una historia diferente en la que Palestina fue, durante el periodo otomano, una sociedad árabe muy parecida a cuantas la rodean, sin grandes diferencias con los demás países del Mediterráneo oriental. Más que cercado y aislado, el pueblo palestino estuvo expuesto a las interacciones con otras culturas, como parte del amplio Imperio otomano. En segundo lugar, al estar abierta al cambio y la modernización, Palestina comenzó a desarrollarse como nación mucho antes de la llegada del movimiento sionista. En manos de enérgicos gobernantes locales como Daher al-Umar (1690-1775), las ciudades de Haifa, Shefa-'Amr, Tiberíades y Acre se renovaron y revitali-

[3] Un buen ejemplo de esto es el plan de estudios actual para las escuelas secundarias sobre la historia otomana de Jerusalén, disponible en cms.education.gov.il.

zaron. La red costera de puertos y ciudades prosperó gracias a sus conexiones comerciales con Europa, mientras que las llanuras interiores comerciaban tierra adentro con las regiones cercanas. Palestina, todo lo contrario que un desierto, era una parte floreciente de *Bilad al-Sham* (la tierra del norte) o el Levante de su época. De igual forma, un rico sector agrícola, pequeños pueblos y ciudades históricas vertebraban a una población de medio millón de personas en vísperas de la llegada sionista[4].

A finales del siglo XIX Palestina tenía ya una población considerable, de la que, como he mencionado anteriormente, solo un pequeño porcentaje era judío. Es de señalar que aquella generación era, en su momento, bastante refractaria a las ideas promovidas por el movimiento sionista. La mayoría de los palestinos vivían en el campo en aldeas, cuyo número rondaba el millar. Al mismo tiempo, una próspera elite urbana florecía a lo largo de la costa, en las llanuras interiores y en las montañas.

Ahora tenemos una comprensión mucho mejor de cómo se autodefinía la gente que vivía allí en vísperas de la colonización sionista. Al igual que en otras regiones de Oriente Medio y más allá, en la sociedad palestina penetró el poderoso concepto definitorio de los siglos XIX y XX: la nación. Había dinámicas locales y externas que fomentaban ese nuevo modo de autorreferencia, tal como ocurría en otras partes del mundo. Las ideas nacionalistas fueron importadas en parte a Oriente Medio por misioneros estadounidenses que llegaron a principios del siglo XIX con el deseo de hacer proselitismo pero también de difundir la noble noción de la autodeterminación. Como estadounidenses creían representar no solo el cristianismo sino también al Estado independiente más reciente en el mapa global. La elite palestina educada se unió a otras del mundo árabe en la asunción de esa idea y en la formulación de una auténtica doctrina nacional, lo que la llevó a exigir más autonomía dentro del Imperio otomano y, finalmente, su independencia

[4] Para un estudio centrado en tales conexiones comerciales véase Beshara Doumani, *Rediscovering Palestine: Merchants and Peasants in Jabal Nablus, 1700-1900*, Berkeley, University of California Press, 1995.

Entre mediados y finales del siglo XIX la elite intelectual y política otomana adoptó ideas nacionalistas románticas que equiparaban el otomanismo con la «turquidad». Esa tendencia contribuyó a alejar del Imperio otomano a los súbditos no turcos de Estambul, la mayoría de ellos árabes. El proceso de nacionalización en la propia Turquía se vio acompañado en la segunda mitad del siglo XIX por tendencias a la secularización, lo que redujo la importancia de Estambul como autoridad y centro religioso.

En el mundo árabe la secularización también formó parte del proceso de nacionalización. No es sorprendente que fueran principalmente minorías como la de los cristianos las que abrazaran fervorosamente la idea de una identidad nacional seglar basada en el territorio, el idioma, la historia y la cultura compartidos. En Palestina los cristianos comprometidos con el nacionalismo encontraron aliados bien dispuestos entre la elite musulmana, lo que llevó a una proliferación de sociedades musulmano-cristianas en todo el país hacia el final de la Primera Guerra Mundial. En el mundo árabe, los judíos se unieron a ese tipo de alianzas entre activistas de diferentes religiones; lo mismo habría sucedido en Palestina si el sionismo no hubiera exigido una lealtad absoluta y excluyente por parte de la comunidad judía allí afincada.

Se puede encontrar un estudio exhaustivo y detallado del surgimiento del nacionalismo palestino antes de la llegada del sionismo en los trabajos de historiadores palestinos como Muhammad Muslih y Rashid Jalidi[5], que mostraron claramente que tanto la elite como sectores menos selectos de la sociedad palestina participaban en el desarrollo de un movimiento y un sentimiento nacional antes de 1882. Jalidi, en particular, muestra que los sentimientos patrióticos, las lealtades locales, el arabismo, los sentimientos religiosos y los niveles más altos de educación y cultura eran los principales componentes del nuevo nacionalismo, y que

---

[5] Rashid Khalidi, *Palestinian Identity: The Construction of Modern National Consciousness*, Nueva York, Columbia University Press, 2010, y Muhammad Muslih, *The Origins of Palestinian Nationalism*, Institute for Palestine Studies, 1989.

solo hasta más tarde no desempeñó un papel crucial adicional en el nacionalismo palestino la resistencia frente al sionismo.

Jalidi, entre otros, demuestra que la modernización, el colapso del Imperio otomano y el codicioso anhelo europeo de territorios en Oriente Medio contribuyeron a la consolidación del nacionalismo palestino antes de que el sionismo dejara su marca en Palestina con la promesa británica de una patria judía en 1917. Una de las manifestaciones más claras de esta nueva autodefinición fue la referencia a Palestina como entidad geográfica y cultural, y más tarde también política. A pesar de que no existiera un Estado palestino, la ubicación cultural de Palestina era muy clara. Había un sentido unificador de pertenencia. A comienzos del siglo xx el periódico *Filastin* reflejaba la forma que tenía la gente de referirse a su país[6]. Los palestinos hablaban su propio dialecto, tenían sus propias costumbres y rituales, y aparecían en los mapas del mundo como habitantes de un país llamado Palestina.

Durante el siglo xix Palestina, al igual que sus regiones vecinas, se definió más claramente como unidad geopolítica a raíz de las reformas administrativas emprendidas desde Estambul, la capital del Imperio otomano. Como consecuencia, la elite palestina local comenzó a buscar la independencia dentro de una Siria unida o incluso de un Estado Árabe unido (al estilo quizá de los Estados Unidos de América). Esta iniciativa nacional panárabe recibió el nombre de *qawmiyya* y era bastante popular, tanto en Palestina y como en el resto del mundo árabe.

Tras el famoso, o más bien infame, Acuerdo Sykes-Picot, firmado en 1916 entre Gran Bretaña y Francia, las dos potencias coloniales dividieron el área en nuevos Estados, lo que dio lugar a nuevos sentimientos nacionales en una variante más local, llamada *wataniyya*. A partir de ahí, Palestina comenzó a verse a sí misma como un Estado árabe independiente. Sin la aparición del sionismo probablemente habría seguido el mismo camino que Líbano, Jordania o Siria y se habría puesto en marcha un proce-

[6] Para más información sobre el periódico y su papel en el movimiento nacional, véase Khalidi, *Palestinian Identity*, cit.

so de modernización y crecimiento[7], iniciado de hecho en 1916 como resultado de las medidas otomanas a finales del siglo XIX. En 1872, cuando el gobierno de Estambul fundó la Sanjak (provincia administrativa) de Jerusalén, creó sin pretenderlo un espacio geopolítico coherente en Palestina. Por un breve periodo, los poderes en Estambul llegaron a considerar incluso la posibilidad de agregar al Sanjak, que abarcaba gran parte de la Palestina que conocemos hoy, las subprovincias de Nablus y Acre. De haberlo hecho, los otomanos habrían creado una unidad geográfica, tal como sucedió en Egipto, en la que podría haber surgido incluso antes un nacionalismo particular[8].

En cualquier caso, aun con su división administrativa en una región septentrional (gobernada por Beirut) y otra meridional (gobernada por Jerusalén), este cambio elevó a Palestina como un todo por encima de su estatus periférico anterior, cuando estaba dividida en pequeñas provincias regionales. En 1918, con el establecimiento del Mandato británico, las zonas septentrional y meridional quedaron unificadas. De manera similar y en el mismo año, los británicos establecieron las bases para el Iraq contemporáneo cuando fusionaron las tres provincias otomanas de Mosul, Bagdad y Basora en un Estado-nación moderno. En Palestina, a diferencia de Iraq, las conexiones familiares y las fronteras geográficas (el río Litani al norte, el Jordán al este y el Mediterráneo al oeste) contribuyeron a soldar las tres subprovincias de Beirut-Sur, Nablus y Jerusalén en una única unidad social y cultural. Este espacio geopolítico tenía su propio dialecto principal y sus propias costumbres, folclore y tradiciones[9].

---

[7] La posible alternativa de modernización de Palestina se discute brillantemente en la colección de artículos de Salim Tamari, *The Mountain Against the Sea: Essays on Palestinian Society and Culture*, Berkeley, University of California Press, 2008.

[8] Véase Butrus Abu-Manneh, «The Rise of the Sanjaq of Jerusalem in the Nineteenth Century», en Ilan Pappé (ed.), *The Israel/Palestine Question*, Londres y Nueva York, Routledge, 2007, pp. 40-50.

[9] Para un análisis más detallado, véase Ilan Pappé, *A History of Modern Palestine: One Land, Two Peoples*, Cambridge, Cambridge University Press, 2006, pp. 14-60 [ed. cast.: *Historia de la Palestina moderna*, Madrid, Akal, 2007].

En 1918 Palestina estaba, por tanto, más unida que durante el periodo del Imperio otomano, pero todavía se darían más cambios. Mientras esperaba la aprobación internacional del estatus de Palestina en 1923, el gobierno británico renegoció las fronteras del país, creando un espacio geográfico mejor definido para la contienda entre los movimientos nacionales y un sentido más claro de pertenencia para las personas que vivían en él. Ahora estaba claro lo que era Palestina, lo que no estaba claro era a quién pertenecía: ¿a los palestinos nativos o los nuevos colonos judíos? La ironía final de aquel régimen administrativo fue que la remodelación de las fronteras ayudó al movimiento sionista a conceptualizar geográficamente *Eretz Israel*, la Tierra de Israel, donde solo los judíos tendrían derecho a la tierra y sus recursos.

Así pues, Palestina no era una tierra vacía. Formaba parte de un rico y fértil mundo mediterráneo oriental que en el siglo XIX experimentó procesos de modernización y nacionalización. No era un desierto a la espera de florecer, era un país pastoril a punto de entrar al siglo XX como una sociedad moderna, con todos los beneficios y perjuicios de tal transformación. Su colonización por el movimiento sionista convirtió aquel proceso en un desastre para la mayoría de las personas que habían nacido o vivían allí.

CAPÍTULO II

Los judíos eran un pueblo sin tierra

La afirmación del capítulo anterior de que Palestina era una tierra sin gente va de la mano con la afirmación de que los judíos eran un pueblo sin tierra.

¿Pero eran los colonos judíos un pueblo? Estudios recientes han reabierto dudas expresadas hace muchos años sobre esta cuestión. Lo que comparten esas opiniones críticas fue muy bien resumido por Shlomo Sand en *La invención del pueblo judío*[1]. Sand muestra que el mundo cristiano, en su propio interés y en un momento dado en la historia moderna, apoyó la idea de los judíos como una nación que algún día debía regresar a Tierra Santa. Ese retorno formaría parte supuestamente del plan divino para el final de los tiempos, junto con la resurrección de los muertos y la segunda venida del Mesías.

Las turbulencias ideológicas y religiosas de la Reforma a partir del siglo XVI produjeron una clara asociación, especialmente entre los protestantes, entre la noción del fin del milenio y la conversión de los judíos y su regreso a Palestina. Thomas Brightman, un clérigo inglés del siglo XVI, representaba esas ideas cuando escribió: «¿Volverán a Jerusalén? No hay nada más cierto: los profetas lo confirman en todas partes e insisten en ello»[2]. Brightman no solo esperaba que se cumpliera una promesa divina; también, como muchos después de él, deseaba que los judíos se convirtieran al cristianismo o que abandonaran Europa. Cien

[1] Shlomo Sand, *The Invention of the Jewish People*, Londres y Nueva York, Verso, 2010 [ed. cast.: *La invención del pueblo judío*, Madrid, Akal, 2011].

[2] Thomas Brightman, *The Revelation of St. John Illustrated with an Analysis and Scholions* [sic], 4.ª ed., Londres, 1644, p. 544.

años después Henry Odenburg, teólogo y filósofo alemán, escribió: «Si la ocasión se presenta entre cambios atribuibles a los asuntos humanos, [los judíos] pueden incluso alzar su imperio nuevamente, y [...] Dios puede volver a elegirlos de nuevo»[3]. Charles-Joseph de Ligne, un mariscal de campo austrohúngaro, declaró en la segunda mitad del siglo XVIII:

> Creo que el judío no se puede asimilar y que permanentemente constituirá una nación dentro de una nación, donde quiera que esté. Lo más simple sería, en mi opinión, devolverles su patria, de la que fueron expulsados[4].

Como evidencia este último texto, existía un claro vínculo entre esas ideas fundacionales del sionismo y un antisemitismo más antiguo.

François-René de Chateaubriand, el famoso escritor y político francés, escribió hacia esa misma época que los judíos eran «los amos legítimos de Judea». Influyó sobre Napoleón Bonaparte, quien esperaba obtener la ayuda de la comunidad judía en Palestina, así como de otros habitantes de la región, en su intento de ocupar Oriente Medio a comienzos del siglo XIX. Les prometió el «regreso a Palestina» y la creación de un Estado[5]. El sionismo, como podemos ver, era entonces un proyecto cristiano de colonización antes de hacerse judío.

Las siniestras señales de cómo esas creencias aparentemente religiosas y míticas podían convertirse en un auténtico programa de colonización y desposesión aparecieron en la Gran Bretaña victoriana ya en la década de 1820. Surgió un podero-

---

[3] De una carta escrita a Spinoza el 4 de diciembre de 1665, citada en Franz Kobler, *The Vision Was There: The History of the British Movement for the Restoration of the Jews to Palestine*, Londres, Birt Am Publications, 1956, pp. 25-26.

[4] Hagai Baruch, *Le Sionisme Politique: Precurseurs et Militants: Le Prince De Linge*, París, Beresnik, 1920, p. 20.

[5] Suja R. Sawafta, «Mapping the Middle East: From Bonaparte's Egypt to Chateaubriand's Palestine», tesis presentada en la University of North Carolina at Chapel Hill, 2013.

so movimiento teológico e imperial que iba a situar el regreso de los judíos a Palestina en el centro de un plan estratégico para apoderarse de Palestina y convertirla en una entidad cristiana. En el siglo XIX este sentimiento se hizo cada vez más popular en Gran Bretaña y afectó a la política imperial oficial: «El suelo de Palestina [...] solo espera el regreso de sus hijos proscritos y la aplicación de la industria, acorde con las capacidades agrícolas, para florecer una vez más en la exuberancia universal y volver a ser lo que era bajo el reinado de Salomón»[6]. Así escribía el par escocés y comandante militar John Lindsay. De ese sentimiento se hizo eco el filósofo inglés David Hartley, quien escribió: «Es probable que los judíos renazcan en Palestina»[7].

El proceso no tuvo mucho éxito hasta recibir el apoyo de Estados Unidos, donde también se acabó respaldando la idea de una nación judía con el derecho de regresar a Palestina y construir una Sión. Al mismo tiempo que los protestantes expresaban estos puntos de vista en Europa también aparecieron de forma similar al otro lado del Atlántico. El presidente estadounidense John Adams (1735-1826) declaró: «Realmente deseo ver a los judíos otra vez en Judea como una nación independiente»[8]. Una historia simple de ideas conduce directamente de los padres predicadores de este movimiento a quienes tenían el poder de cambiar el futuro de Palestina. El primero de ellos fue Lord Shaftesbury (1801-1885), un destacado político y reformador británico que hizo campaña activa por una patria judía en Palestina. Sus argumentos en pro de una mayor presencia británica en Palestina eran religiosos y estratégicos[9].

---

[6] A. W. C. Crawford & Lord Lindsay, *Letters on Egypt, Edom and the Holy Land*, Vol. 2, Londres, 1847, p. 71.

[7] Citado en Anthony Julius, *Trials of the Diaspora: A History of Anti-Semitism in England*, Oxford, Oxford University Press, 2010, p. 432.

[8] «Jews in America: President John Adams Embraces a Jewish Homeland» (1819), en jewishvirtuallibrary.org.

[9] Donald Lewis, *The Origins of Christian Zionism. Lord Shaftesbury and Evangelical Support for a Jewish Homeland*, Cambridge, Cambridge University Press, 2014, p. 380.

Como mostraré enseguida, esta peligrosa mezcla de fervor religioso y celo reformista conduciría desde los esfuerzos de Shaftesbury a mediados del siglo XIX hasta la Declaración de Balfour en 1917. Shaftesbury se dio cuenta de que no sería suficiente apoyar el retorno de los judíos y de que deberían contar con la asistencia activa de Gran Bretaña en su colonización inicial. Tal alianza debería comenzar, afirmó, por proporcionar ayuda material a los judíos para trasladarse a la Palestina otomana. Convenció al centro episcopal anglicano y a la catedral de Jerusalén para que proporcionaran la financiación inicial para ese proyecto. Esto probablemente no habría sucedido si Shaftesbury no hubiese conseguido reclutar para su causa a su suegro, el ministro de Asuntos Exteriores de Gran Bretaña y luego primer ministro, Lord Palmerston. En su diario, Shaftesbury escribió el 1 de agosto de 1838:

> Cena con Palmerston. Después de cenar me quedé a solas con él. Le propuse mis planes, que parecieron encantarle. Hizo preguntas y se comprometió fácilmente a considerarlo [el programa para ayudar a los judíos a regresar a Palestina y hacerse cargo de ella]. Qué singular es el orden de la Providencia. Singular, si se estima por las formas del hombre. Palmerston ya había sido elegido por Dios para ser un instrumento del bien para su antiguo pueblo, para rendir homenaje a su herencia y para reconocer sus derechos sin creer en su destino. Parece que querrá hacer todavía más. Aunque el motivo sea amable, no es sólido. Me veo obligado a discutir políticamente, financieramente, comercialmente. No llora, como su Maestro, sobre Jerusalén, ni reza para que ahora, por fin, pueda engalanarse con sus hermosas vestiduras[10].

Como primer paso, Shaftesbury persuadió a Palmerston para que nombrara a su compañero restauracionista (un creyente en la

---

[10] Anthony Ashley, Earl of Shaftesbury, entradas al diario citadas por Edwin Hodder, *The Life and Work of the Seventh Earl of Shaftesbury*, Londres, 1886, Vol. 1, pp. 310-11; véanse también Geoffrey B. A. M. Finlayson, *The Seventh Earl of Shaftesbury*, Londres, Eyre Methuen, 1981, p. 114; The National Register Archives, Londres, Shaftesbury (Broadlands) MSS, SHA/PD/2, 1 de agosto de 1840.

restauración de Palestina para los judíos) William Young como primer vicecónsul británico en Jerusalén. Posteriormente, escribió en su diario: «¡Qué maravilloso evento! La antigua ciudad del pueblo de Dios está a punto de recobrar un lugar entre las naciones e Inglaterra es el primero de los reinos gentiles que deja de "pisarla"»[11]. Un año más tarde, en 1839, Shaftesbury escribió un artículo de treinta páginas para *The London Quarterly Review*, titulado «State and Restauration *(sic)* of the Jews», en el que anunciaba una nueva era para el pueblo elegido por Dios. Insistía en que

> los judíos deben ser alentados a regresar en cantidades cada vez mayores y convertirse de nuevo en los labradores de Judea y Galilea [...] aunque se trate, como todos saben, de una gente terca de corazón oscuro y hundida en la degradación moral, la obstinación y la ignorancia del Evangelio, [son] no solo dignos de salvación sino también vitales para la esperanza de salvación del cristianismo[12].

El gentil cabildeo de Shaftesbury con Palmerston resultó fructífero. Por motivos políticos, más que religiosos, Palmerston también se convirtió en defensor de la restauración judía. Entre otros factores a tener en cuenta en sus deliberaciones estaba la «opinión de que los judíos podrían ser útiles para apuntalar el colapso del Imperio otomano, ayudando así a lograr el objetivo principal de la política exterior británica en el área»[13].

Palmerston escribió al embajador británico en Estambul el 11 de agosto de 1840 sobre el beneficio mutuo que supondría, tanto para los otomanos como para Gran Bretaña, permitir a los judíos el regreso a Palestina. Irónicamente, la restauración de los judíos se entendía como un medio importante para mantener

---

[11] Citado en Gertrude Himmelfarb, *The People of the Book: Philosemitism in England, From Cromwell to Churchill*, Nueva York, Encounter Books, 2011, p. 119.

[12] *The London Quarterly Review*, Vol. 64, pp. 104-105.

[13] *Ibid.*

el *statu quo* y evitar la desintegración del Imperio otomano. Palmerston escribió:

> Existe en la actualidad, entre los judíos dispersos por Europa, la fuerte convicción de que se acerca el momento en que su nación debe regresar a Palestina [...] Sería de gran importancia para el Sultán alentar a los judíos a regresar y establecerse en Palestina, porque la riqueza que traerían con ellos aumentaría los recursos de los dominios del Sultán y el pueblo judío, si regresara bajo su sanción y protección, y por invitación del Sultán, serviría como dique para cualquier designio maligno de Mohamet Ali o de su sucesor [...] Debo instruir a Vuestra Excelencia para que recomiende [al gobierno turco] sostener cada justo aliento a los judíos de Europa para que regresen a Palestina[14].

Mohamet Ali, también conocido popularmente como Muhammad Ali, era el gobernador de Egipto que se independizó del Imperio otomano en la primera mitad del siglo XIX. Cuando Palmerston escribió esa carta a su embajador en Estambul, había pasado una década desde que el gobernante egipcio casi había derrocado al propio sultán. La idea de que la riqueza judía exportada a Palestina fortalecería al Imperio otomano frente a sus potenciales enemigos internos y externos subraya hasta qué punto el sionismo se asociaba al antisemitismo, al imperialismo británico y a la teología.

Unos días después de que Lord Palmerston enviara su carta, un artículo de cabecera en *The Times* pidió un plan «para instalar al pueblo judío en la tierra de sus padres», afirmando que esto estaba bajo «una seria consideración política» y elogiando los esfuerzos de Shaftesbury como autor del plan, que, argumentaba, era «práctico y propio de un estadista»[15]. Lady Palmerston también apoyó la postura de su marido. Escribió a un amigo: «Tenemos de nuestra parte los elementos fanáticos y religiosos, y usted sabe el seguimiento que tienen en este país. Están abso-

---

14 *Ibid.*

15 *The Times of London*, 17 de agosto de 1840.

lutamente decididos a que Jerusalén y toda Palestina quede reservada para su regreso; ese es su único anhelo [en la idea de] restaurar a los judíos»[16]. Así, el conde de Shaftesbury era descrito como «el principal defensor del sionismo cristiano en el siglo XIX y el primer político de estatura en intentar preparar el camino para que los judíos establezcan una patria en Palestina»[17].

Este momento de entusiasmo del *establishment* británico por la idea de la restauración debería describirse apropiadamente como proto-sionismo. Aunque deberíamos ser cuidadosos con la lectura de la ideología contemporánea en este fenómeno del siglo XIX, tenía no obstante todos los ingredientes que convertirían esas ideas en la futura justificación para borrar y negar los derechos básicos de la población palestina indígena. Hubo, por supuesto, iglesias y clérigos que sí se identificaron con los palesti Blyth, un clérigo de la Iglesia de Inglaterra que, junto con algunos importantes colegas de la Iglesia anglicana, desarrollaron fuertes simpatías por las aspiraciones y derechos de los palestinos. En 1887 Blyth fundó el St. George College, que hoy es probablemente una de las mejores escuelas secundarias en Jerusalén Este (a la que acuden los hijos de la elite local, que desempeñaría un papel crucial en la política palestina en la primera mitad del siglo XX). El poder, sin embargo, estaba con quienes apoyaban la causa judía, que más tarde se iba a convertir en la causa sionista.

El primer consulado británico en Jerusalén se inauguró en 1838. Su tarea incluía informalmente el aliento a los judíos a trasladarse a Palestina, prometiendo protegerlos, y en algunos casos intentar convertirlos al cristianismo. El más conocido de los primeros cónsules fue James Finn (1806-1872), cuyo carácter y enfoque directo hacía imposible ocultar las consecuencias de esa misión a los palestinos locales. Escribió abiertamente, y fue

[16] Citado en Geoffrey Lewis, *Balfour and Weizmann: The Zionist, The Zealot and the Emergence of Israel*, Londres, Continuum Books, 2009, p. 19.

[17] Deborah J. Schmidle, «Anthony Ashley-Cooper, Seventh Earl of Shaftsbury», en Hugh D. Hindman (ed.), *The World of Child Labour: An Historical and Regional Survey*, Londres y Nueva York, M. E. Sharpe, 2009, p. 569.

probablemente el primero en hacerlo, sobre la conexión entre el regreso los judíos a Palestina y el posible desplazamiento de los palestinos como resultado[18]. Esta conexión estaría en el centro del proyecto colonial sionista durante todo el siglo siguiente.

Finn estuvo afincado en Jerusalén entre 1845 y 1863. Ha sido alabado por los historiadores israelíes posteriores por ayudar a los judíos a establecerse en su tierra ancestral y sus memorias han sido traducidas al hebreo. No es la única figura histórica que aparece en el panteón de héroes de una nación y en la galería de malvados de otra. Finn detestaba el islam en su conjunto y a los notables de Jerusalén en particular. Nunca aprendió a hablar árabe y se comunicaba a través de un intérprete, lo que no contribuía a suavizar su relación con la población palestina local.

Contó con la ayuda de la inauguración del obispado anglicano en Jerusalén en 1841, encabezado por Michael Solomon Alexander (un converso del judaísmo) y por la inauguración de la Christ Church, la primera iglesia anglicana, cerca de la Puerta de Jaffa en Jerusalén en 1843. Aunque esas instituciones desarrollaron más tarde una fuerte afinidad con el derecho palestino a la autodeterminación en su primera época apoyaban las aspiraciones proto-sionistas de Finn, quien se esforzó más que cualquier otro europeo en establecer una presencia permanente de Occidente en Jerusalén, organizando la compra de tierras y propiedades para misioneros, intereses comerciales y cuerpos gubernamentales.

Un enlace importante que conecta estos tempranos brotes cristiano-sionistas, principalmente británicos, con el sionismo, fue el movimiento pietista alemán del Templo (más tarde conocido como los templarios), activo en Palestina desde la década de 1860 hasta el estallido de la Primera Guerra Mundial. Ese movimiento pietista surgió de los movimientos luteranos nacidos en Alemania y que se extendieron por todo el mundo, incluida Norteamérica (donde su influencia sobre el colonialismo de los

---

[18] He desarrolado esta idea en Ilan Pappé, *The Rise and Fall of a Palestinian Dynasty: The Husaynis, 1700-1948*, Londres, Saqi Books, 2010, pp. 84, 117.

primeros asentados en Palestina se deja sentir hasta el día de hoy). Su interés por Palestina evolucionó alrededor de la década de 1860. Dos clérigos alemanes, Christoph Hoffman y Georg David Hardegg, fundaron la Sociedad del Templo en 1861. Tenían estrechas conexiones con el movimiento pietista de Württemberg, pero desarrollaron sus propias ideas sobre el mejor modo de impulsar su versión del cristianismo. Para ellos, la reconstrucción de un templo judío en Jerusalén era un paso esencial en el plan divino para la redención y la absolución; pero lo más importante es que estaban convencidos de que si ellos mismos se establecían en Palestina precipitarían la segunda venida del Mesías[19]. Aunque no todos los miembros de las respectivas iglesias y organizaciones nacionales dieron la bienvenida a su forma particular de traducir el pietismo en colonialismo enviando colonos a Palestina, miembros importantes de la corte real prusiana y varios teólogos anglicanos en Gran Bretaña apoyaron con entusiasmo su dogma.

A medida que el movimiento del Templo crecía y ganaba audiencia también se ganó la enemistad de la mayor parte de la iglesia establecida en Alemania. Pero los templarios llevaron sus ideas a una etapa más práctica y se establecieron en Palestina, combatiéndose mutuamente en el camino, además de ganar a nuevos miembros. Fundaron su primera colonia en el Monte Carmelo en Haifa en 1866 y se extendieron a otras partes del país. La mejora de las relaciones entre el Kaiser Guillermo II y el sultán a finales del siglo XIX acrecentó aún más sus perspectivas de asentamiento. Los templarios permanecieron en Palestina bajo el Mandato británico hasta 1948, cuando fueron expulsados por el nuevo Estado judío.

Las colonias de los templarios y sus métodos de colonización fueron emulados por los primeros sionistas. Si el historiador alemán Alexander Scholch había descrito los esfuerzos de coloniza-

[19] Helmut Glenk, *From Desert Sands to Golden Oranges: The History of the German Templers Settlement of Sarona in Palestine*, Toronto, Trafford, 2005, es una de las pocas obras en inglés sobre los templarios; la mayoría se encuentran únicamente en alemán o en hebreo.

ción de los templarios como «la cruzada silenciosa», las primeras colonias sionistas establecidas desde 1882 en adelante no eran nada silenciosas[20]. Cuando los templarios se establecieron en Palestina, el sionismo ya se había convertido en un movimiento político considerable en Europa. Se trataba, en resumidas cuentas, de un movimiento que afirmaba que los problemas de los judíos de Europa se resolverían colonizando Palestina y creando allí un Estado judío. Esas ideas germinaron en la década de 1860 en varios lugares de Europa, inspiradas por la Ilustración, la «Primavera de las Naciones» de 1848 y, más tarde, por el socialismo. El sionismo se transformó de un ejercicio intelectual y cultural en un proyecto político a través de las visiones de Theodor Herzl, como respuesta a una ola de persecución antijudía particularmente cruel en Rusia, a finales de la década de 1870 y principios de la de 1880, y al surgimiento de un nacionalismo antisemita en el oeste de Europa (donde el infame proceso de Dreyfus reveló cuán arraigado estaba el antisemitismo en la sociedad francesa y alemana).

Gracias a los esfuerzos de Herzl y de los líderes judíos de ideas afines el sionismo se convirtió en un movimiento internacionalmente reconocido. Independientemente al principio, un grupo de judíos de Europa del Este desarrolló nociones similares sobre la solución para la cuestión judía en Europa y no esperaron al reconocimiento internacional. Comenzaron a establecerse en Palestina en 1882, después de preparar el terreno trabajando en comunas en sus países de origen. En la jerga sionista se les llama la Primera Aliyah, la primera ola de inmigración sionista que duró hasta 1904. La segunda ola (1905-1914) era diferente, ya que incluía principalmente a comunistas y socialistas frustrados que ahora veían el sionismo no solo como una solución para el problema judío, sino también como la punta de lanza del comunismo y el socialismo a través del asentamiento colectivo en Palestina. En ambas oleadas, sin embargo, la mayoría prefirió

[20] Alexander Scholch, *Palestine in Transformation, 1856-1882: Studies in Social, Economic, and Political Development*, Washington, Institute of Palestine Studies, 2006.

establecerse en ciudades palestinas, siendo tan solo una minoría los que trataron de cultivar tierras que compraron a los palestinos y terratenientes árabes ausentes, dependiendo al principio de industriales judíos en Europa para su sustento, antes de buscar una existencia económica más independiente.

Si bien la conexión sionista con Alemania acabó por demostrarse insignificante, la que tenía con Gran Bretaña se volvió crucial. De hecho, el movimiento sionista necesitaba un fuerte respaldo porque el pueblo de Palestina se dio cuenta de que aquella forma particular de inmigración no era de buen augurio para su futuro en el país. Los líderes locales sintieron que tendría un efecto muy negativo en su sociedad. Uno de ellos era el gran muftí de Jerusalén, Tahir al-Hussayni II, que relacionó la inmigración judía a Jerusalén con un desafío europeo a la santidad musulmana de la ciudad. Algunos de sus mayores ya habían notado que la idea de James Finn era conectar la llegada de los judíos con la restauración de la gloria de los cruzados. No es de extrañar, pues, que el muftí liderara la oposición a esa inmigración, con un énfasis especial en la necesidad de abstenerse de vender tierras a tales proyectos. Reconoció que la posesión de tierras respaldaba las reclamaciones de propiedad, mientras que la inmigración sin asentamiento podía entenderse como un peregrinaje transitorio[21].

En muchos sentidos, el impulso imperial estratégico de Gran Bretaña para utilizar el retorno judío a Palestina como un medio para profundizar la participación de Londres en la «Tierra Santa» coincidió con el surgimiento de nuevas visiones culturales e intelectuales del sionismo en Europa. Tanto para los cristianos como para los judíos, por lo tanto, la colonización de Palestina era entendida como un acto de retorno y redención. La coincidencia de los dos impulsos produjo una poderosa alianza que transformó la idea antisemita y milenarista de transferir a los judíos de Europa a Palestina en un verdadero proyecto de asentamiento a expensas del pueblo nativo de Palestina. Esta alianza recibió reconocimiento público el 2 de noviembre de 1917 con

[21] Pappé, *The Rise and Fall of a Palestinian Dynasty*, cit., p. 115.

la proclamación de la Declaración Balfour, una carta del secretario de Asuntos Exteriores británico a los líderes de la comunidad anglo-judía prometiéndoles pleno apoyo para la creación de una patria judía en Palestina.

Gracias a la accesibilidad y estructura eficiente de los archivos británicos hoy disfrutamos de la bendición de muchas excelentes obras académicas que exploran los antecedentes de la Declaración Balfour. Entre ellos, una de las mejores es un ensayo de 1970 de Mayer Verte, de la Universidad Hebrea de Jerusalén[22]. Mostró en particular cómo los funcionarios británicos afirmaban erróneamente que los miembros judíos del movimiento bolchevique tenían aspiraciones similares a los sionistas y que, por lo tanto, una declaración prosionista allanaría el camino para las buenas relaciones con el nuevo poder político en Rusia. Más acertada era la suposición de aquellos responsables políticos de que tal gesto sería bienvenido por los judíos estadounidenses, de quienes los británicos sospechaban tenían una gran influencia en Washington. Había también una mezcla de milenarismo e islamofobia: David Lloyd George, el primer ministro británico de la época y devoto cristiano, favorecía el regreso de los judíos sobre bases religiosas, y estratégicamente tanto él como sus colegas preferían una colonia judía a una musulmana, como veían a los palestinos, en Tierra Santa.

Más recientemente hemos tenido acceso a un análisis aún más exhaustivo, escrito en 1939 pero perdido durante muchos años antes de que reapareciera en 2013. Se trata del trabajo del periodista británico J. M. N. Jeffries *Palestine: The Reality*, que explica a lo largo de más de 700 páginas lo que subyace bajo la Declaración Balfour[23]. Revela, a través de las conexiones personales de Jeffries y su acceso a una amplia gama de documentos más antiguos, precisamente quién en el almirantazgo, el ejército y el gobierno bri-

---

[22] El artículo de Verte de 1970 fue republicado como «The Balfour Declaration and Its Makers», en N. Rose (ed.), *From Palmerston to Balfour: Collected Essays of Mayer Verte*, Londres, Frank Cass, 1992, pp. 1-38.

[23] J. M. N Jeffries, *Palestine: The Reality*, Washington, Institute of Palestine Studies, 2013.

tánico trabajaban en pro de la declaración y por qué. En su relato parece que los cristianos prosionistas eran mucho más entusiastas que los propios sionistas en cuanto a la idea del patrocinio británico del proceso de colonización en Palestina.

La conclusión de toda la investigación realizada hasta ahora en torno a la declaración es que los diferentes responsables políticos británicos entendían que la idea de un hogar judío en Palestina coincidía con los intereses estratégicos británicos en el área. Una vez que Gran Bretaña ocupó Palestina, esta alianza permitió a los judíos construir la infraestructura para un Estado judío bajo los auspicios británicos, protegida por las bayonetas del Gobierno de Su Majestad.

Pero Palestina no fue tomada fácilmente. La campaña británica contra los turcos duró casi todo el año 1917. Comenzó bien, con las fuerzas británicas atacando a través de la Península del Sinaí, pero luego se vieron detenidas por una guerra de desgaste en las trincheras entre la Franja de Gaza y Bir Saba. Una vez que se rompió ese estancamiento, las cosas fueron más fáciles; de hecho, Jerusalén se entregó sin combate. La subsiguiente ocupación militar trajo consigo a las costas palestinas tres procesos discretos –el surgimiento del sionismo, el milenarismo protestante y el imperialismo británico–, como una poderosa fusión de ideologías que destruyeron al país y su pueblo durante los siguientes treinta años.

Hay quienes quisieran cuestionar si los judíos que se asentaron en Palestina como sionistas después de 1918 eran realmente los descendientes de los judíos que habían sido exiliados por Roma hace 2.000 años, a partir de las dudas populares arrojadas por Arthur Koestler (1905-1983), quien avanzó en *La Decimotercera Tribu* (1976) la teoría de que los colonos judíos eran descendientes de los jázaros, una nación turca del Cáucaso que se convirtió al judaísmo en el siglo VIII y que más tarde se vio forzada a desplazarse hacia el oeste.[24] Los científicos israelíes han tratado siempre de demostrar que existe una conexión genética ininte-

[24] El libro ha sido reimpreso como Arthur Koestler, *The Khazar Empire and its Heritage*, Nueva York, Random House, 1999.

rrumpida entre los judíos de la Palestina romana y los del Israel actual. Sin embargo, el debate continúa hoy.

Análisis más serios vinieron de eruditos bíblicos no influidos por el sionismo, tales como Keith Whitelam, Thomas Thompson y el erudito israelí Israel Finkelstein, quienes rechazan la Biblia como registro real de importancia histórica[25]. Whitelam y Thompson también dudan de la existencia de algo como una nación en los tiempos bíblicos y, como otros, critican lo que llaman la «invención del Israel moderno» como obra de los teólogos cristianos prosionistas. La última y más actualizada deconstrucción de esta idea apareció en los dos libros de Shlomo Sand, *La invención del pueblo judío* y *La invención de la Tierra de Israel*[26]. Respeto y aprecio ese esfuerzo académico, pero políticamente creo que es menos importante que la suposición que niega la existencia de los palestinos (aunque es su complemento natural). La gente tiene derecho a inventarse a sí misma, como lo han hecho tantos movimientos nacionales en su momento inicial. Pero el problema se agudiza si la narración del génesis conduce a proyectos políticos como el genocidio, la limpieza étnica y la opresión.

En el caso particular de las afirmaciones del sionismo del siglo XIX, lo que importa no es su precisión histórica, ni si los judíos que viven actualmente en Israel son los auténticos descendientes de sus pobladores en la era romana, sino la insistencia de Israel en que representa a todos los judíos del mundo y en que todo lo que hace es por ellos y para ellos. Hasta 1967 esta afirmación fue muy útil para el Estado de Israel. Los judíos de todo el mundo, en particular en Estados Unidos, se convirtieron en sus principales partidarios cada vez que se cuestionaba su políti-

---

[25] Keith Whitelam, en *The Invention of Ancient Israel*, Londres y Nueva York, Routledge, 1999 y Thomas L. Thompson, en *The Mythical Past: Biblical Archaeology and the Myth of Israel*, Londres, Basic Books, 1999, crearon la Escuela de Copenhague de minimalismo bíblico que expone los principales argumentos y la investigación sobre esta cuestión.

[26] Shlomo Sand, *The Invention of the Jewish People*, y *The Invention of the Land of Israel: From Holy Land to Homeland*, Londres y Nueva York, Verso, 2014 [ed. cast.: *La invención del pueblo judio* y *La invención de la tierra de Israel. De Tierra Santa a madre patria*, Madrid, Akal, 2011 y 2013].

ca. En muchos aspectos, sigue siendo así en Estados Unidos hoy día. Sin embargo, incluso allí, así como en otras comunidades judías, esa clara asociación se ve desafiada actualmente.

El sionismo, como veremos en el próximo capítulo, fue originariamente una opinión minoritaria entre los judíos. Al argumentar que los judíos eran una nación vinculada a Palestina y a la que, por lo tanto, había que ayudar para que regresara a ella se tuvo que recurrir a los funcionarios británicos y más tarde al poder militar. Los judíos y el mundo en general no parecían muy convencidos de que se tratara de un pueblo sin tierra. A Shaftesbury, Finn, Balfour y Lloyd George les gustaba la idea porque ayudaba a Gran Bretaña a establecerse en Palestina. Esto perdió relevancia después de que los británicos ocuparan Palestina por la fuerza y luego tuvieran que decidir, desde un nuevo punto de partida, si la tierra era judía o palestina; pregunta a la que nunca se podría responder terminantemente y que por lo tanto tuvieron que dejar a otros después de treinta años de dominio frustrante.

CAPÍTULO III

El sionismo es lo mismo que el judaísmo

Para examinar adecuadamente la suposición de que el sionismo es lo mismo que el judaísmo hay que comenzar por el contexto histórico en el que nació. Desde su inicio a mediados del siglo XIX, el sionismo era solo una expresión, poco representativa, de la vida cultural judía. Nació de dos impulsos en las comunidades judías de Europa Central y Oriental. El primero era una búsqueda de seguridad dentro de una sociedad que se negaba a integrar a los judíos como iguales y que ocasionalmente los perseguía, ya fuera mediante la legislación o mediante asaltos organizados o alentados por el poder con el fin de encubrir crisis económicas o trastornos políticos. El segundo impulso era un deseo de emular a otros movimientos nacionales nuevos que proliferaban en Europa en aquel momento, durante lo que los historiadores llamaron Primavera Europea de las Naciones. Los judíos que intentaban transformar el judaísmo de una religión a una nación no eran los únicos entre los muchos grupos étnicos y religiosos que deseaban redefinirse como naciones en los dos imperios que se desmoronaban, el austro-húngaro y el otomano.

Las raíces del sionismo moderno se pueden encontrar ya en el siglo XVIII en lo que se llamó el movimiento de la Ilustración Judía, un grupo de escritores, poetas y rabinos que resucitaron el idioma hebreo y desplazaron los límites de la educación tradicional y religiosa judía hacia el estudio más universal de la ciencia, la literatura y la filosofía. En la Europa Central y Oriental comenzaron a proliferar los periódicos y revistas hebreas. De aquel grupo surgieron algunos individuos, conocidos en la historiografía sionista como los «Heraldos del Sionismo», que mostraban mayores tendencias nacionalistas y asociaban en su escritos el renacimiento de la lengua hebrea con el nacionalismo. Propulsaron dos nuevas ideas: la redefinición del judaísmo como movimiento nacional y la necesidad de colonizar Palestina para devolver a los judíos la antigua patria de la que habían sido expulsados tras la destrucción de Jerusalén en el año 70 a.C. Abogaban por «el retorno» mediante lo que denominaban «colonias agrícolas» (en muchos países de Europa no se permitía a los judíos poseer o cultivar tierras, de ahí la fascinación por comenzar de nuevo como una nación de granjeros, no solo como ciudadanos libres).

Esas ideas se hicieron más populares después de una oleada brutal de pogromos en Rusia en 1881, que las transformó en un programa político propagado por un movimiento llamado «Los Amantes de Sión», que envió a unos cientos de jóvenes entusiastas judíos a construir las primeras colonias en Palestina en 1882. Esta primera fase en la historia del sionismo culmina con las obras y acciones de Theodor Herzl. Nacido en Pest, en el imperio austrohúngaro en 1860, aunque residió durante la mayor parte de su vida en Viena, Herzl comenzó su carrera como dramaturgo interesado en el estatus y los problemas del judío moderno en su sociedad, afirmando en primer lugar que la asimilación plena en la sociedad local era la clave de sus tribulaciones. En la década de 1890 se convirtió en periodista y, según su propia versión de su vida, fue entonces cuando cobró conciencia de lo intenso que era el antisemitismo. Concluyó que no había esperanza de asimilación y optó en su lugar por la fundación de un Estado judío en Palestina como la mejor solución para lo que definió como el «problema judío».

Cuando esas primeras ideas sionistas se difundieron entre las comunidades judías en países como Alemania y Estados Unidos, se encontraron con el rechazo de prominentes rabinos y las principales organizaciones sociales en esas comunidades. Los líderes religiosos rechazaban el sionismo como una forma de secularización y modernización, mientras que los seglares temían que las nuevas ideas suscitaran dudas sobre la lealtad de los judíos a sus propios Estados-nación y avivaran con ello el antisemitismo. Unos y otros tenían diferentes ideas sobre cómo hacer frente a la persecución moderna de los judíos en Europa. Los primeros creían que la mejor respuesta era un mayor arraigo de la religión y la tradición judía (como sucedería en el caso de los fundamentalistas islámicos frente a la modernización europea), mientras que los segundos abogaban por una mayor integración en las instituciones y rutinas no judías.

En el momento en que las ideas sionistas aparecieron en Europa y Estados Unidos, entre 1840 y 1880, la mayoría de los judíos practicaban el judaísmo de dos formas diferentes: una suponía el atrincheramiento: vivir en comunidades con estrechos lazos religiosos, rehuyendo nuevas ideas como el nacionalismo y considerando de hecho la modernización como una amenaza inoportuna para su forma de vida. La otra implicaba un acercamiento a los usos y costumbres de los gentiles, de modo que sus diferencias con las comunidades no judías fueran mínimas: celebración de ciertas festividades, visitas a la sinagoga los viernes y, probablemente, respetar el ayuno durante el día de la expiación (Yom Kippur). Gershom Scholem, que era uno de esos judíos, recuerda en sus memorias *De Berlín a Jerusalén* que solía reunirse ese día con un grupo de jóvenes judíos en un restaurante berlinés; a su llegada, el propietario les informaba de que «la salita especial para los caballeros en ayuno estaba lista»[1]. Cada individuo y comunidad se hallaba entre esos dos polos de ortodoxia y secularización. Pero veamos más de cerca qué posiciones adoptaban hacia el sionismo en la segunda mitad del siglo XIX.

El secularismo judío es un concepto un tanto extraño, como lo son el secularismo cristiano o el islámico. Los seglares judíos, como acabamos de decir, eran personas con diversos grados de conexión con la religión (como un seglar cristiano en Gran Bretaña, que celebra la Pascua y la Navidad, envía a sus hijos a escuelas de la Iglesia de Inglaterra o asiste a la misa dominical con mayor o menor frecuencia). En la segunda mitad del siglo XIX, esta forma moderna de practicar el judaísmo se convirtió en un poderoso movimiento conocido como Reformismo, que busca-

[1] Gershom Scholem, *From Berlin to Jerusalem: Youth Memoirs*, trad. del hebreo de Harry Zohn, 1982, p. 34.

ba maneras de adaptar la religión a la vida moderna sin sucumbir a sus aspectos anacrónicos. Fue particularmente popular en Alemania y Estados Unidos.

Cuando los reformistas se encontraron por primera vez con el sionismo, rechazaron con vehemencia la idea de redefinir el judaísmo como nacionalismo y la creación de un Estado judío en Palestina. Sin embargo, su actitud antisionista cambió después de la creación del Estado de Israel en 1948. En la segunda mitad del siglo XX la mayoría de ellos crearon un nuevo movimiento reformista en Estados Unidos, que se convirtió en una de las organizaciones judías más fuertes del país (aunque ese nuevo movimiento no juró oficialmente lealtad a Israel y al sionismo hasta 1999). Sin embargo, gran cantidad de judíos lo abandonaron y crearon el Consejo Estadounidense del Judaísmo (American Council of Judaism, ACJ), que le recordó al mundo en 1993 que el sionismo era todavía una opinión minoritaria entre los judíos y que permaneció fiel a las viejas ideas reformistas sobre el sionismo[2].

Antes de ese cisma, el movimiento reformista había supuesto, tanto en Alemania como en Estados Unidos, una oposición fuerte y unánime contra el sionismo. En Alemania rechazó públicamente la idea de una nación judía y sus miembros se autoproclamaron «alemanes de fe mosaica». Uno de los primeros actos de los reformistas alemanes fue eliminar de sus ritos y plegarias cualquier referencia al regreso a *Eretz Israel* o la reconstrucción de un Estado allí. Del mismo modo, ya en 1869, los reformistas estadounidenses declararon en una de sus primeras convenciones que

> el objetivo mesiánico de Israel [es decir, el pueblo judío] no es la restauración de un Estado judío bajo un descendiente de David, que

[2] Las siguientes citas de los Reformistas están tomadas de una evaluación de su posición, crítica y prosionista, pero no obstante muy informativa, que incluye los documentos en su totalidad. Véase Ami Isserof, «Opposition of Reform Judaism to Zionism: A History», 12 de agosto de 2005, en zionism-israel.

> supondría una segunda separación con respecto de las naciones de la tierra, sino la unión de los hijos de Dios en la confesión de la unidad de Dios para realizar la unidad de todas las criaturas racionales y su llamamiento a la santificación moral.

En 1885 otra conferencia reformista declaró: «Nos consideramos, no una nación, sino una comunidad religiosa, y por eso no esperamos un retorno a Palestina, ni un culto sacrificial bajo los hijos de Aaron, ni tampoco la restauración de ninguna ley concerniente al Estado judío».

Un líder famoso a este respecto fue el rabino Kaufman Kohler, quien repudió la idea de que «Judea es el hogar del judío, una idea que priva de hogar *[unhomes, sic]* a los judíos de toda la tierra». Otro líder del movimiento a finales del siglo XIX, Isaac Mayer Wise, criticó a los líderes sionistas como Herzl, comparándolos con los charlatanes alquimistas que decían contribuir a la ciencia. En Viena, la ciudad de Herzl, Adolfo Jellinek argumentó que el sionismo pondría en peligro la posición de los judíos en Europa y afirmó que la mayoría de ellos se oponía a la idea. «Nos sentimos en nuestro hogar en Europa», declaró.

Además de los reformadores, en aquel momento los judíos liberales rechazaron la afirmación de que el sionismo ofrecía la única solución para el antisemitismo. Como mostraba Walter Lacquer en su libro *La historia del sionismo*, los judíos liberales consideraban al sionismo como un movimiento quimérico que no daba respuesta a los problemas de los judíos en Europa. Propugnaban lo que llamaban una «regeneración» de los judíos, que implicaba una muestra de lealtad total a sus países respectivos y una voluntad de integrarse plenamente en ellos como ciudadanos[3]. Esperaban que un mundo más liberal pudiera resolver los problemas de persecución y antisemitismo. La historia mostraba que el liberalismo había salvado a los judíos que se trasladaron o vivían en el Reino Unido y Estados Unidos. Los que creían que podía suceder lo mismo en el resto de Europa se demostraron

[3] Walter Lacquer, *The History of Zionism*, Nueva York, Tauris Park Paperback, 2003, pp. 338-398.

equivocados; pero incluso hoy, retrospectivamente, muchos judíos liberales no consideran al sionismo como la respuesta correcta, ni entonces, ni ahora.

Los judíos socialistas y ortodoxos no comenzaron a expresar sus críticas al sionismo hasta la década de 1890, cuando el sionismo se convirtió en una fuerza política más reconocida, gracias al diligente trabajo de Herzl; este, que entendía la política contemporánea, escribía historias utópicas, tratados políticos e informes periodísticos que resumían la idea de que a Europa le convenía ayudar a construir un Estado judío moderno en Palestina. Los líderes mundiales no se dejaron impresionar, ni tampoco los otomanos, gobernantes de Palestina. El mayor logro de Herzl fue reunir a todos sus activistas en una conferencia en 1897 y desde allí construir dos organizaciones básicas: un congreso mundial que iba a promover globalmente las ideas del sionismo y sucursales sionistas locales para difundir sobre el terreno la colonización judía de Palestina.

Así, con la cristalización de las ideas sionistas, también se clarificó la crítica de los judíos opuestos al sionismo. Además del movimiento reformista, las críticas provenían de la izquierda, de los líderes laicos de las diversas comunidades y de los judíos ortodoxos. En 1897, el mismo año en que se convocó la primera conferencia sionista en Basilea, nació en Rusia un movimiento socialista judío, el Bund [Liga]. Era a la vez un movimiento político y un sindicato judío. Sus miembros creían que una revolución socialista, incluso bolchevique, sería una solución mucho mejor que el sionismo para los problemas de los judíos en Europa, al que consideraban como una forma de escapismo. Y lo que es aún más importante, cuando el nazismo y el fascismo iban en aumento en Europa, los bundistas creían que el sionismo contribuía a ese tipo de antisemitismo al cuestionar la lealtad de los judíos a sus países de origen. Incluso después del Holocausto, los bundistas estaban convencidos de que los judíos debían buscarse un lugar en las sociedades que respetaran los derechos humanos y civiles, y no consideraban que una nación-Estado judía fuera la panacea. Sin embargo, esa fuerte convicción antisionista se fue desvaneciendo lentamente a partir de mediados de la década de 1950, y los restos de ese otrora poderoso movimiento decidieron finalmente apoyar públicamente al Estado de Israel (incluso tenían una sucursal en el Estado judío)[4].

La reacción del Bund no molestó tanto a Herzl como la tibia respuesta de las elites políticas y económicas judías en lugares como Gran Bretaña y Francia, donde se veía a Herzl como un charlatán cuyas ideas estaban muy alejadas de la realidad, o peor aún, como alguien que podía socavar la vida judía en sus propias sociedades donde, como en Gran Bretaña, habían hecho un enorme progreso en términos de emancipación e integración. Los judíos victorianos se sentían perturbados por su llamamiento a la soberanía judía en un país extranjero con un estatus igual al de otros Estados soberanos en el mundo. Para los sectores más establecidos de la judería en Europa Central y Occidental, el sionismo era una visión provocativa que cuestionaba la lealtad de los judíos ingleses, alemanes y franceses a sus propios países. Debido a la falta de apoyo a Herzl, el movimiento sionista no pudo convertirse en un agente poderoso antes de la Primera Guerra Mundial. Solo después de la muerte de Herzl en 1904 pudieron otros líderes del movimiento –en particular Chaim Weizmann, quien emigró a Gran Bretaña el mismo año en que murió Herzl convirtiéndose allí en un científico de renombre y contribuyendo al esfuerzo de guerra británico en la Primera Guerra Mundial–, establecer una fuerte alianza con Londres que benefició al sionismo, como se describirá más adelante en este mismo capítulo[5].

La tercera crítica al sionismo en sus primeros años tiene su origen en la elite judía ultra-ortodoxa. Hasta el día de hoy, muchas comunidades judías ultraortodoxas se oponen vehementemente al sionismo, aunque con mucho menores de lo que eran

[4] La obra más reciente sobre ese movimiento es Yoav Peled, *Class and Ethnicity in the Pale: The Political Economy of Jewish Workers' Nationalism in Late Imperial Russia*, Londres, St. Martin's Press, 1989.

[5] M. W. Weisgal y J. Carmichael (eds.), *Chaim Weizmann: A Biography by Several Hands*, Nueva York, Oxford University Press, 1963.

a finales del siglo XIX y algunas de ellas se trasladaron a Israel y ahora forman parte de su sistema político. Sin embargo, como en el pasado, constituyen otra forma no sionista de ser judío. Cuando el sionismo hizo su primera aparición en Europa, muchos rabinos tradicionales prohibieron de hecho a sus seguidores las relaciones con los activistas sionistas. Consideraban que el sionismo interfería con la voluntad de Dios de retener a los judíos en el exilio hasta la llegada del Mesías y rechazaban de plano la idea de que los judíos tuvieran que hacer todo lo posible para terminar con el «exilio», creyendo que tenían que esperar la palabra de Dios al respecto y practicar mientras tanto la forma de vida tradicional. Aunque cada uno de ellos tenía permitido visitar y estudiar en Palestina como peregrinos, esto no debía interpretarse como un aliento para una emigración en masa. El gran rabino jasídico alemán de Dzikover resumió amargamente este enfoque cuando dijo que el sionismo pretendía reemplazar siglos de sabiduría y leyes judías por un trapo, tierra y una canción (es decir, una bandera, un territorio y un himno)[6].

Pero no todos los rabinos destacados se oponían al sionismo. Hubo un pequeño grupo de figuras famosas y con autoridad, como los rabinos al-Qalay, Gutmacher y Qalisher, que respaldaron el programa sionista. Eran una pequeña minoría, pero retrospectivamente tuvieron importancia, ya que sentaron las bases para el ala religiosa nacional del sionismo. Sus acrobacias religiosas eran bastante impresionantes. En la historiografía israelí se les llama los «Padres del sionismo religioso», que es un movimiento muy importante en el actual Israel, como hogar ideológico del movimiento de colonos mesiánicos, Gush Emunim, que viene colonizando Cisjordania y antes la Franja de Gaza desde 1967 en adelante. Esos rabinos no solo pedían a los judíos que abandonaran Europa, sino que también afirmaban que para ellos era un deber religioso, no solo nacionalista, colonizar Palestina mediante el cultivo de su tierra (no es sorprendente que los nativos de esta no figuren en sus escritos).

---

[6] Elie Kedourie, *Nationalism*, Oxford, Blackwell, 1993, p. 70.

Aseguraban que tal acto no significaba inmiscuirse en la voluntad de Dios; por el contrario, era acorde con todas las profecías y apuntaba a la redención plena del pueblo judío y a la venida del Mesías[7].

La mayoría de las principales lumbreras del judaísmo ortodoxo rechazaban ese plan y su interpretación. Tenían otra arma que esgrimir contra el sionismo. El nuevo movimiento no solo deseaba colonizar Palestina; también esperaba secularizar al pueblo judío, inventar el «nuevo judío» antitético al judío religiosamente ortodoxo de Europa. Esto culminó con la imagen de un nuevo judío europeo que ya no podía vivir en Europa debido a su antisemitismo, pero que tenía que vivir como un europeo fuera del continente. Así pues, al igual que muchos otros movimientos durante aquel periodo, el sionismo se redefinió a sí mismo en términos nacionales, aunque era radicalmente diferente al haber elegido una nueva tierra para esa conversión. El judío ortodoxo era ridiculizado por los sionistas y era considerado como alguien que solo podría ser redimido mediante el duro trabajo en Palestina. Esta transformación está bellamente descrita en la novela futurista utópica de Herzl *Altnueland*, que cuenta la historia de un par de turistas alemanes que llegan al Estado judío mucho después de que este hubiera sido creado[8]. Antes de llegar a Palestina, uno de los turistas había tenido un encuentro con un joven mendigo judío ortodoxo, al que ahora encuentra de nuevo en Palestina, convertido en un hombre educado y extremadamente rico y satisfecho.

El papel de la Biblia en la vida judía ofrecía una clara diferencia entre el judaísmo y el sionismo. En el mundo judío presionista, la Biblia no se enseñaba en los diversos centros educativos judíos en Europa o en el mundo árabe como un texto singular que [illegible] para ninguna [illegible] política o nacional. Los principales rabinos trataban la historia política conte-

[7] Shlomo Avineri, *The Making of Modern Zionism: Intellectual Origins of the Jewish State*, Nueva York, Basic Books, 1981, pp. 187-209.

[8] Se puede descargar gratuitamente el libro (en inglés) en jewishvirtuallibrary.org.

nida en la Biblia y la idea de la soberanía judía sobre la tierra de Israel como temas marginales en su mundo espiritual de aprendizaje. Estaban mucho más preocupados, como lo estaba de hecho el judaísmo en general, por la relación que los textos sagrados marcaban entre los creyentes y, en particular, en sus relaciones con Dios.

Desde «Los amantes de Sión» en 1882 hasta los líderes sionistas en vísperas de la Primera Guerra Mundial, que pedían a Gran Bretaña su apoyo a la reivindicación judía de Palestina, la referencia a la Biblia era bastante común. En pos de sus propios intereses, los líderes sionistas desafiaron fundamentalmente las interpretaciones bíblicas tradicionales. Los Amantes de Sión, por ejemplo, leían la Biblia como la historia de una nación judía nacida en tierras de Palestina como un pueblo oprimido bajo el yugo de un régimen cananeo. Este último exilió a los judíos a Egipto, hasta que regresaron a su tierra y la liberaron bajo el liderazgo de Josué. La interpretación tradicional, en cambio, se centraba en Abraham y su familia como un grupo de personas que descubrían un dios único más que una nación y una patria. La mayoría de los lectores estarán familiarizados con esta narración convencional de los abrahamitas que descubren a Dios y pasando por muchas pruebas y tribulaciones acaban sometidos en Egipto[9], lo que difícilmente se puede entender como la historia de una nación oprimida comprometida en una lucha de liberación. Sin embargo, esta última era la interpretación sionista preferida, como lo es ahora en Israel.

Uno de los usos más intrigantes de la Biblia en el sionismo es el practicado por el ala socialista del movimiento. La fusión del socialismo con el sionismo comenzó a fraguar después de la muerte de Herzl en 1904, cuando diversas facciones socialistas se convirtieron en los principales partidos del movimiento sionista mundial y sobre el terreno en la propia Palestina. Para los

---

[9] Véase Eliezer Shweid, *The Land of Israel: National Home or Land of Destiny*, Fairleigh Dickinson Univ., 1985 (orig. en hebreo, *La patria y la Tierra Prometida*, Tel Aviv, Am Oved, 1979, p. 218).

socialistas, como dijo uno de ellos, la Biblia fundamentaba «el mito de nuestro derecho a la tierra»[10]. Era en la Biblia donde habían leído historias sobre granjeros, pastores, reyes y guerreros hebreos, de las que se apropiaron para describir la antigua Edad Dorada del nacimiento de la nación. Regresar a aquella tierra significaba volver a ser agricultores, pastores y reyes. Así se encontraron ante una paradoja desafiante, ya que al mismo tiempo querían secularizar la vida judía y utilizar la Biblia como justificación para colonizar Palestina. Con otras palabras, aunque no creían en Dios este les había prometido Palestina.

Para muchos líderes sionistas, las referencias bíblicas a la tierra de Palestina eran solo un medio para sus fines y no la esencia del sionismo. Esto estaba muy claro, en particular, en textos escritos por Theodor Herzl. En un famoso artículo publicado en *The Jewish Chronicle* (10 de julio de 1896), basaba la reivindicación judía sobre Palestina en la Biblia, pero también expresaba su deseo de que el futuro Estado judío fuera gobernado de acuerdo con las filosofías políticas y morales europeas de su tiempo. Herzl probablemente era más laico que el grupo de líderes que lo reemplazaron. Aquel profeta del movimiento consideró seriamente diversas alternativas a Palestina como la tierra prometida de Sión, valorando las posibilidades de Uganda y otros posibles destinos en el norte y el sur de América y en Azerbaiyán[11]. Con la muerte de Herzl en 1904 y el ascenso de sus sucesores, el sionismo se afincó en Palestina y la Biblia se convirtió aún más que antes en un activo como prueba de un derecho divino de los judíos a aquella tierra.

La obstinación a partir de 1904 en Palestina como el único territorio en el que podría implantarse el sionismo se vio reforzada por el creciente poder del sionismo cristiano en Gran Bre-

[10] Micha Yosef [illegible], «[illegible]», citado en Asaf Sagiv, «Los Padres del Sionismo y el mito del Naciomiento de la Nación», *Techelt*, 5 (1998), p. 93 (en hebreo).

[11] Se puede consultar una buena discusión sobre esas opciones en Adam Rovner, *In the Shadow of Zion: Promised Lands Before Israel*, Nueva York, NYU Press, 2014.

taña y en Europa. Los teólogos que estudiaban la Biblia y los arqueólogos evangélicos que excavaban en «Tierra Santa» dieron la bienvenida al asentamiento de judíos entendiendo que confirmaba su creencia religiosa de que el «retorno judío» anunciaría el cumplimiento de la promesa divina del fin de los tiempos. El regreso de los judíos debía preceder al regreso del Mesías y la resurrección de los muertos. El proyecto sionista de colonización de Palestina contaba pues con la ayuda de esa creencia religiosa esotérica[12]. Sin embargo, tras esas visiones religiosas se hallaban los clásicos sentimientos antisemitas, ya que inducir a las comunidades judías a emigrar a Palestina no era solo un imperativo religioso, también ayudaba a vaciar Europa de judíos, por lo que representaba una ganancia doble: deshacerse de los judíos en Europa y al mismo tiempo cumplir el plan divino en el que la Segunda Venida se aceleraría con el regreso de los judíos a Palestina (y su posterior conversión al cristianismo o su condena al Infierno si se negaban).

A partir de aquel momento la Biblia se convirtió en justificación y hoja de ruta para la colonización sionista de Palestina. Históricamente, la Biblia benefició al sionismo desde sus inicios hasta la creación del estado de Israel en 1948. Desempeñó un papel importante en la narrativa israelí dominante –tanto con fines internos como externos– al afirmar que Israel es la misma tierra que fue prometida por Dios a Abraham en la Biblia. Según esa narrativa, «Israel» existió hasta el 70 d. de C., cuando los romanos demolieron el Templo y exiliaron a su pueblo. La conmemoración religiosa de esa fecha era un día de luto, que se ha mantenido en Israel con la obligación de cerrar desde la noche anterior todos los establecimientos de ocio, incluidos los restaurantes.

La principal prueba seglar y académica de esta narración ha provenido en los últimos años de lo que se llama arqueología bíblica (un oxímoron de por sí, ya que la Biblia es una gran obra

[12] Un excelente resumen de esta cuestión con buenas referencias es el artículo de Stephen Sizer «The Road to Balfour: The History of Christian Zionism», en balfourproject.org.

literaria, escrita por mucha gente en diferentes periodos, pero no un texto histórico[13]). Después del 70 d. de C., según la narración, el país quedó más o menos vacío hasta el regreso sionista. Sin embargo, los principales sionistas sabían que apelar a la autoridad de la Biblia no sería suficiente. Colonizar la Palestina ya habitada requeriría una política sistemática de asentamiento, desposesión e incluso limpieza étnica. Por ello, presentar la desposesión de Palestina como el cumplimiento de un plan divino cristiano no tenía precio a la hora de conseguir el apoyo cristiano global para el sionismo.

Como hemos visto, una vez que todas las demás opciones territoriales fueron descartadas y el sionismo se concentró en la recuperación de Palestina, los líderes que sustituyeron a los primeros pioneros comenzaron a inyectar ideología socialista, e incluso marxista, en el creciente movimiento seglar. El objetivo era ahora establecer (con la ayuda de Dios) un proyecto judío seglar, socialista y colonialista, en Tierra Santa. Como los nativos colonizados percibieron pronto, su destino estaba sellado en último término, independientemente de que los colonos trajeran consigo la Biblia, los escritos de Marx o los tratados de la Ilustración europea. Lo único que importaba era si estabas incluido, o cómo, en la visión del futuro de los colonos. Resulta pues revelador que, en el obsesivo registro guardado por los primeros líderes y colonos sionistas, los nativos aparecieran siempre como un obstáculo, ajeno y enemigo, independientemente de quiénes fueran o cuáles fueran sus propias aspiraciones[14].

Las primeras anotaciones anti-árabes en esos registros se escribieron mientras los colonos todavía estaban siendo acogidos por los palestinos en su camino a las antiguas colonias o en las

[13] Ingrid Hjelm y Thomas Thompson (eds.), *History, Archaeology and the Bible, Forty Years after «Historicity»*, Londres y Nueva York, Routledge, 2016.

[14] Ilan Pappé, «Shtetl Colonialism: First and Last Impressions of Indigeneity by Colonised Colonisers», *Settler Colonial Studies*, 2:1 (2012), pp. 39-58.

ciudades. Sus quejas provenían de su formación y experiencias en la búsqueda de empleo y un medio de subsistencia. Esta situación parecía afectarles universalmente, ya trataran de asentarse en las antiguas colonias o probaran suerte en las ciudades. Donde quiera que fueran, para sobrevivir tenían que trabajar codo con codo con campesinos u obreros palestinos. A través de ese contacto íntimo, hasta los colonos más ignorantes y rebeldes tenían que darse cuenta de que Palestina era un país totalmente árabe con su propio paisaje humano.

David Ben-Gurion, el líder de la comunidad judía durante el periodo del Mandato británico y luego primer ministro de Israel, calificaba a los obreros y campesinos palestinos como *beit mihush* («un semillero infestado de dolor»). Otros colonos hablaban de los palestinos como ajenos y extranjeros. «La gente de aquí nos es más extraña que los campesinos rusos o polacos», escribió uno de ellos, agregando, «no tenemos nada en común con la mayoría de las personas que viven aquí»[15]. Se sorprendían al encontrar que Palestina estaba poblada, cuando se les había dicho que el país estaba vacío. «Me disgustaba encontrar que en Hadera [una antigua colonia sionista establecida en 1882] parte de las casas estaban ocupadas por árabes», informaba un colono, mientras que otro contaba a sus amigos en Polonia que le horrorizaba ver a muchos hombres, mujeres y niños árabes cruzando por Rishon LeZion (otra colonia desde 1882)[16].

Como el país no estaba deshabitado y tenían que soportar la presencia de los nativos, era bueno tener a Dios de tu parte, aunque fueras ateo. Tanto David Ben-Gurion como su amigo y colega Yitzhak Ben-Zvi (quien junto con Ben-Gurion dirigía las facciones socialistas sionistas en Palestina y más tarde se convir-

---

[15] Moshe Bellinson, «Rebelándose contra la Realidad», en *El libro de la Segunda Aliya*, Tel Aviv, Am Oved, 1947 (en hebreo), p. 48. Este libro es la mayor recopilación publicada de entradas de diarios, cartas y artículos de la Segunada Aliya.

[16] Yona Hurewitz, «Del Kibush Ha-Avoda al Asentamiento», en *El libro de la Segunda Aliya*, p. 210.

tió en el segundo presidente de Israel) hicieron uso de la promesa bíblica como principal justificación de la colonización de Palestina; y lo mismo se puede decir de los ideólogos que les sucedieron en el Partido Laborista a mediados de la década de 1970, así como del «biblismo» superficial del partido Likud y sus ramificaciones en los últimos años.

La interpretación de la Biblia como la justificación divina para el sionismo ayudó a los socialistas a reconciliar su adhesión a los valores universales de solidaridad e igualdad con el proyecto colonizador de desposesión. De hecho, dado que la colonización era el objetivo principal del sionismo, hay que preguntarse qué tipo de socialismo era ese. Después de todo, en la memoria colectiva de muchos, el periodo dorado del sionismo está asociado con la vida colectiva igualitaria encarnada en el establecimiento de los *kibbutzim*. Esta forma de vida perduró después de que se fundara Israel y atrajo a jóvenes de todo el mundo que acudieron como voluntarios para experimentar el comunismo en su forma más pura. Muy pocos de ellos se dieron cuenta, o pudieron saber, que la mayoría de los *kibbutzim* se construyeron en aldeas palestinas destruidas, cuyas poblaciones habían sido expulsadas en 1948. Como justificación, los sionistas afirmaron que estas aldeas eran antiguos lugares judíos mencionados en la Biblia y que por lo tanto su apropiación no era una ocupación sino una liberación. Un comité especial de «arqueólogos bíblicos» acudía a cada una de aquellas aldeas despobladas y decidía cómo se llamaba en los tiempos bíblicos. Enérgicos funcionarios del Fondo Nacional Judío daban a continuación carta de naturaleza al lugar con su nombre recién recuperado[17]. Después de 1967 el entonces ministro de trabajo Yigal Alon –un judío socialista laico– utilizó un método similar para construir una nueva ciudad cerca de Hebron, ya que según la Biblia «pertenecía» a los judíos.

Algunos estudiosos israelíes críticos, entre ellos Gershon Shafir y Zeev Sternhell (así como el profesor estadounidense Zachary

[17] Ilan Pappé, «The Bible in the Service of Zionism», en Hjelm y Thompson, *History, Archaeology and the Bible*, cit., pp. 205-18.

Lockman), han explicado hasta qué punto la apropiación colonial de la tierra contaminó la supuesta era dorada del sionismo socialista. Como muestran esos historiadores, el sionismo socialista, como praxis y modo de vida, siempre fue una versión limitada y condicionada de su ideología universal. Los valores y aspiraciones universales que caracterizaban a los diversos movimientos ideológicos de la izquierda occidental fueron muy pronto nacionalizados o sionizados en Palestina. No es de extrañar pues que el socialismo perdiera su atractivo para la siguiente generación de colonos[18].

Sin embargo, la religión siguió siendo un aspecto importante del proceso incluso después de haber arrebatado la tierra a los palestinos. En su nombre se podía invocar y afirmar un antiguo derecho moral al territorio que desafiaba a cualquier otro reclamo externo de la tierra en aquellos días de agonía del imperialismo. Este derecho también reemplazó las demandas morales de la población nativa. Uno de los proyectos colonialistas más socialistas y seglares del siglo XX demandó la exclusividad en nombre de una promesa divina pura. La confianza en el texto sagrado resultó altamente favorable para los colonos sionistas y extremadamente costosa para la población local. El brillante último libro de Michael Prior, *The Bible and Colonialism*, mostró cómo se perseguían los mismos tipos de proyectos en todo el mundo de forma muy similar a la colonización de Palestina[19].

Después de que Israel ocupara Cisjordania y la Franja de Gaza en 1967, la Biblia continuó siendo utilizada para fines similares. Ya he mencionado a Yigal Alon, quien la usó para justificar la construcción de un pueblo judío, Qiryat Arba, en terrenos expropiados a la gente de Hebrón, la cercana ciudad palestina.

---

[18] Para una discusión de esas obras y la primera introducción del paradigma colonialista en la investigación del sionismo, véase Uri Ram, «The Colonisation Perspective in Israeli Sociology», en Ilan Pappé (ed.), *The Israel/Palestine Question*, Londres y Nueva York, Routledge, 1999, pp. 53-77.

[19] Michael Prior, *The Bible and Colonialism: A Moral Critique*, Londres, Bloomsbury 1997.

Qiryat Arba se convirtió rápidamente en un caldo de cultivo para personas que se tomaban la Biblia aún más en serio como guía para la acción. Seleccionaban los capítulos y frases bíblicas que a sus ojos justificaban la desposesión de los palestinos. A medida que se prolongaba la ocupación, se intensificó el régimen de brutalidad contra los desposeídos. Ese proceso de extraer legitimación política de un texto sagrado puede conducir al fanatismo con consecuencias peligrosas. La Biblia, por ejemplo, ofrece referencias que justificarían el genocidio, como el de los amalecitas por Josué. Hoy día solo es, afortunadamente, una minoría fanática la que no solo ve a los palestinos como amalecitas sino también a cuantos no son suficientemente judíos según su criterio[20].

Referencias similares al genocidio en nombre de Dios aparecen en la Hagadá (Haggadah: narración) para la Pascua (Pésaj) judía. El relato principal, en el que Dios ordena a Moisés conducir a los israelitas a una tierra habitada por otros, para poseerla como mejor les convenga, no es, por supuesto, algo imperativo para la gran mayoría de los judíos. Es un texto literario, no un manual de guerra. Sin embargo, ha sido aprovechado por la nueva corriente de pensamiento mesiánico judío, como sucedió en el caso del asesinato de Yitzhak Rabin en 1995 y, en el verano de 2015, cuando se prendió fuego hasta la muerte a un adolescente en un incidente y luego a dos padres y su bebé en otro. La nueva ministra israelí de justicia, Ayelet Shaked, ha expresado ideas similares, hasta ahora solo para los palestinos muertos en los intentos de resistir a Israel: toda su familia, dijo, deberían «seguir a sus hijos, nada sería más justo. Deberían desaparecer, al igual que las casas en las que criaron a las serpientes. De lo contrario, allí se criarán más víboras»[21]. Por el momento, esto es solo una advertencia para el futuro. Desde 1882, como hemos visto, la Biblia ha sido usada como justificación para la desposesión. Sin

[20] Esos temas son examinados con detalle en un libro que desgraciadamente solo existe en hebreo: Seth Rachlevski, *El asno del Mesías*, Tel Aviv, Yeditot Achronot, 1998

[21] Esto apareció en su página oficial de Facebook el 1 de julio de 2014, y fue ampliamente citado en la prensa israelí.

embargo, en los primeros años del Estado de Israel, de 1948-1967, las referencias a la Biblia disminuyeron y solo la empleó el ala más derechista del movimiento sionista para justificar su descripción de los palestinos como infrahumanos y como los eternos enemigos del pueblo judío. Después de la ocupación de Cisjordania y la Franja de Gaza en 1967, esos judíos mesiánicos y fundamentalistas, agrupados en el Partido Nacional Religioso MAFDAL, aprovecharon la oportunidad para transformar sus alucinaciones en acciones reales sobre el terreno. Se establecieron en todos los territorios recién ocupados, con o sin el consentimiento del gobierno. Crearon islas de vida judía dentro del territorio palestino y comenzaron a comportarse como amos y señores de todo.

Las facciones más militantes de Gush Emunim, el movimiento de asentamiento posterior a 1967, aprovecharon las circunstancias muy particulares creadas por el dominio israelí sobre Cisjordania y la Franja de Gaza para desmadrarse en su afán de desposeer y abusar en nombre de los textos sagrados. El derecho israelí no se aplicaba en los territorios ocupados, que se regían por reglamentos de emergencia militar. Sin embargo, este régimen legal militar no se aplicaba a los colonos, que eran en muchos sentidos inmunes frente a las sanciones en ambos sistemas legales. Su asentamiento por la fuerza en el corazón de barrios palestinos en Hebrón y Jerusalén, desarraigando los olivos palestinos e incendiando sus campos, estaban justificados como parte del plan divino para recuperar *Eretz Israel*.

Pero la interpretación violenta del mensaje bíblico por los colonos no se limitaba a los territorios ocupados. Comenzaron a presionar en el corazón de las ciudades mixtas árabe-judías en Israel, como Acre, Jaffa y Ramleh, con el fin de perturbar el delicado *modus vivendi* que había prevalecido allí durante años. El movimiento de los colonos en esos puntos sensibles dentro de la frontera israelí anterior a 1967 tenía el potencial de socavar, en nombre de la Biblia, las ya tensas relaciones entre el Estado judío y su minoría palestina.

La razón final ofrecida para el reclamo sionista de Tierra Santa, tal como la llama la Biblia, era la necesidad de los judíos de todo el mundo de disponer de un refugio seguro, especialmente después del Holocausto. Sin embargo, incluso si eso fuera cierto, se podría haber encontrado una solución que no estuviera vinculada al mapa bíblico y que no desposeyera a los palestinos. Esta posición fue expresada por bastantes personalidades conocidas, como Mahatma Gandhi y Nelson Mandela. Estos comentaristas intentaron sugerir que se debía pedir a los palestinos que proporcionaran un refugio seguro para judíos perseguidos junto a la población nativa, no en su lugar. Pero el movimiento sionista consideraba tales propuestas como una herejía.

La diferencia entre asentarse junto a los nativos y simplemente desplazarlos fue reconocida por Mahatma Gandhi cuando el filósofo judío Martin Buber le pidió que apoyara el proyecto sionista. En 1938, Ben-Gurion le había pedido a Buber que presionara sobre varias figuras morales mundialmente conocidas para que mostrara su apoyo público al sionismo. Consideraron que la aprobación de Gandhi, como líder de una lucha nacional no violenta contra el imperialismo, sería especialmente útil y estaban dispuestos a aprovechar su respeto por Buber para lograrlo. La importante declaración de Gandhi sobre Palestina y la cuestión judía apareció en su editorial en *The Harijan* el 11 de noviembre de 1938 y tuvo amplia circulación, en medio de una gran rebelión de los nativos palestinos contra las políticas prosionistas del gobierno británico. Gandhi comenzaba su exposición diciendo que todas sus simpatías recaían en los judíos, quienes como pueblo habían sido sometidos a tratamientos inhumanos y persecuciones durante siglos. Pero, añadía,

> mi simpatía no me ciega a los requisitos de la justicia. La reivindicación de un hogar nacional para los judíos no me atrae mucho. Se busca su respaldo en la Biblia y en la tenacidad con que los judíos se han aferrado a ella después de su regreso a Palestina. Pero, ¿por qué no deberían, como otros pueblos de la tierra, construir su hogar en el país donde han nacido y donde se ganan su sustento?[22].

[22] Citado en Jonathan K. Crane, «Faltering Dialogue? Religious Rhetoric of Mohandas Ghandi and Martin Buber», *Anaskati Darshan*, 3:1

Gandhi cuestionó pues la lógica fundamental del sionismo político, rechazando la idea de un Estado judío en la Tierra Prometida y señalando que la «Palestina de la concepción bíblica no es una región geográfica». De modo que Gandhi desaprobaba el proyecto sionista por razones políticas y religiosas. El respaldo a ese proyecto por parte del gobierno británico no hizo más que alejar aún más de él a Gandhi, quien no tenía dudas sobre quiénes eran los amos de Palestina:

> Palestina pertenece a los árabes en el mismo sentido en que Inglaterra pertenece a los ingleses o Francia a los franceses. Es incorrecto e inhumano imponer los judíos a los árabes [...] Sin duda, sería un crimen contra la humanidad reducir a los orgullosos árabes para que Palestina pueda ser devuelta a los judíos en parte o en su totalidad como su hogar nacional[23].

La respuesta de Gandhi a la cuestión de Palestina contiene diferentes capas de significado, que van desde una posición ética hasta el realismo político. Lo más interesante es que, aunque creía firmemente en que religión y política son inseparables, rechazó constantemente y con vehemencia el nacionalismo cultural y religioso del sionismo. Una justificación religiosa para reivindicar un Estado-nación era algo que no le atraía en ningún sentido sustancial. Buber respondió a aquel artículo tratando de justificar el sionismo, pero al parecer Gandhi ya tenía bastante con aquello y la correspondencia se agotó.

De hecho, el espacio que el movimiento sionista exigía para sí mismo no estaba determinado por la necesidad de rescatar a los judíos perseguidos, sino por el deseo de apoderarse de la mayor cantidad posible de Palestina con tan pocos habitantes como fuera posible. Los eruditos judíos sobrios y seglares intentaron

---

(2007), pp. 34-52. Véase también A. K. Ramakrishnan, «Mahatma Ghandi Rejected Zionism», *The Wisdom Fund*, 15 de agosto de 2001, en twf.org.

[23] Citado en Avner Falk, «Buber and Ghandi», *Ghandi Marg*, 7.º año, octubre de 1963, p. 2. Hay varios sitios web como los Archivos Ghandi que también tienen el diálogo completo.

permanecer «científicos» en su traducción de una promesa nebulosa de un pasado antiguo a un hecho presente. El proyecto había sido ya iniciado por el historiador-jefe de la comunidad judía en el Mandato Británico sobre Palestina, Ben-Zion Dinaburg (Dinur), y prosiguió intensamente después de la creación del Estado en 1948. Su producto final está representado por la cita del sitio web del Ministerio israelí de Relaciones Exteriores reproducida en el capítulo 1. La tarea de Dinur en la década de 1930, como la de sus sucesores desde entonces, era demostrar científicamente que había habido una presencia judía permanente en Palestina desde la época romana.

No es que nadie haya dudado alguna vez de eso. A pesar de la evidencia histórica de que los judíos que vivían en la Palestina del siglo XVIII rechazaban la idea de un Estado judío, como lo hacían los judíos ortodoxos a finales del siglo XIX, esto fue negado en el siglo XX. Dinur y sus colegas utilizaron la estadística de que los judíos no constituían más del 2% de la población de Palestina del siglo XVIII para demostrar la validez de la promesa bíblica y de la demanda sionista moderna de Palestina[24]. Esta narrativa se ha convertido en la historia estándar y aceptada. Uno de los profesores de historia británicos más distinguidos, Sir Martin Gilbert, produjo hace muchos años, el *Atlas del conflicto árabe-israelí*, publicado en varias ediciones de Cambridge University Press[25]. El Atlas comienza la historia del conflicto en tiempos bíblicos, dando por supuesto que el territorio era un reino judío al que los judíos regresaron después de 2000 años de exilio. Sus mapas iniciales cuentan toda la historia: el primero es de la Palestina bíblica; el segundo, de Palestina bajo los romanos; el tercero, de Palestina en la época de las cruzadas; y el cuarto, de Palestina en 1882. Así pues, nada de importancia sucedió entre la época medieval y la llega

[24] *El pueblo de Israel en su tierra: desde el comienzo de Israel hasta el exilio babilónico*, de Ben-Zion Dinaburg, fue publicado en hebreo en 1936 y el segundo volumen, *Israel en el exilio*, en 1946

[25] Martin Gilbert, *The Atlas of the Arab-Israeli Conflict*, Oxford, Oxford University Press, 1993.

da de los primeros sionistas. Solo vale la pena mencionar la presencia de extranjeros –romanos, cruzados, sionistas– en Palestina.

Los libros de texto educativos israelíes llevan ahora el mismo mensaje del derecho a la tierra basado en una promesa bíblica. De acuerdo con una carta enviada por el Ministerio de Educación en 2014 a todas las escuelas en Israel, «la Biblia proporciona la infraestructura cultural del Estado de Israel, en ella se ancla nuestro derecho a la tierra»[26]. Los estudios bíblicos son ahora un componente crucial y ampliado del currículo, con un enfoque particular en la Biblia como registro de una historia antigua que justifica la reclamación de la tierra. Las historias bíblicas y las lecciones nacionales que se pueden aprender de ellas se fusionan con el estudio del Holocausto y de la creación del Estado de Israel en 1948. Hay una línea directa de esa carta de 2014 a las pruebas presentadas por David Ben-Gurion en 1937 a la Comisión Royal Peel (la investigación británica creada para tratar de encontrar una solución al conflicto incipiente). En las discusiones públicas sobre el futuro de Palestina, Ben-Gurion agitó una copia de la Biblia frente a los miembros del comité, gritando: «Este es nuestro Qushan [la prueba otomana del registro de la tierra]; nuestro derecho a Palestina no proviene de la Carta del Mandato, la Biblia es nuestra Carta del Mandato»[27].

Históricamente, por supuesto, no tiene sentido enseñar la Biblia, lo que les sucedió a los judíos en Europa y la guerra de 1948 como un capítulo histórico. Pero ideológicamente, los tres elementos están vinculados entre sí y son adoctrinados como justificación básica del actual Estado judío. Esta discusión del papel de la Biblia en el Israel de hoy día nos lleva a nuestra siguiente pregunta: ¿Es el sionismo un movimiento colonialista?

---

[26] La carta aparece en el sitio web oficial, con fecha 29 de noviembre de 2014.

[27] Tom Segev, *One Palestine, Complete*, Londres, Abacus, 2001, p. 401.

CAPÍTULO IV

El sionismo no es colonialismo

El territorio palestino no estaba vacío cuando llegaron allí los primeros pobladores sionistas en 1882. Esto era conocido por los líderes sionistas desde mucho antes de que llegaran los primeros colonos judíos. Una delegación enviada a Palestina por las primeras organizaciones sionistas informaba a sus colegas: «La novia es hermosa pero está casada con otro hombre»[1]. En cualquier caso, cuando llegaron, los primeros colonos se sorprendieron al encontrar allí unos lugareños a los que consideraban invasores y extraños. En su opinión, los palestinos nativos habían usurpado su patria. Sus líderes les dijeron que los lugareños no eran nativos, que no tenían derechos sobre la tierra, pero que constituían un problema que habría que resolver.

Ese enigma no era único: el sionismo fue un movimiento colonial de pobladores, similar a las migraciones de los europeos que habían colonizado las dos Américas, Sudáfrica, Australia y Nueva Zelanda. El colonialismo de pobladores difiere del colonialismo clásico en tres aspectos. El primero es que las colonias de pobladores solo dependen inicial y temporalmente del imperio para su supervivencia. De hecho, en muchos casos, como en Palestina y Sudáfrica, los colonos no pertenecían a la misma nación que el poder imperial que inicialmente los apoyaba. Con frecuencia renunciaban a su país de origen redefiniéndose como una nueva nación, a veces mediante una lucha de liberación contra el mismo imperio que los apoyó en un principio (como sucedió durante las revoluciones americanas, por ejemplo). La segunda diferencia es que el colonialismo de pobladores está motivado

[1] Benjamin Beit-Hallahmi, *Original Sins: Reflections on the History of Zionism and Israel*, Londres, Palgrave Macmillan, 1992, p. 74.

por un deseo de apoderarse de la tierra en un país extranjero, mientras que el colonialismo clásico desea apoderarse de otros recursos naturales existentes en sus nuevas posesiones geográficas. La tercera diferencia se refiere a la forma en que tratan el nuevo lugar de asentamiento. A diferencia de los proyectos coloniales convencionales al servicio de un imperio o una madre patria lejana, los pobladores colonialistas eran refugiados que buscaban no solo un hogar, sino también una patria. El problema era que las nuevas «patrias» ya estaban habitadas por otra gente. Como respuesta, las comunidades de pobladores argumentaban que la nueva tierra era suya por derecho divino o moral, aunque, en casos distintos al sionismo, no afirmaran haber vivido allí hace miles de años. En muchos casos, el método aceptado para superar esos obstáculos era el genocidio de los indígenas locales[2].

Uno de los principales estudiosos del colonialismo de pobladores, Patrick Wolfe, argumenta que sus proyectos coloniales estaban motivados por lo que él llama «la lógica de la eliminación»; esto significa que los colonos elaboraron las justificaciones morales y los medios prácticos necesarios para eliminar a los nativos. Como indica Wolfe, a veces esa lógica implicaba un genocidio real, en otros casos una limpieza étnica o un régimen opresivo que negaba cualesquiera derechos a los nativos[3]. Añadiría que había otra lógica que impregnaba la lógica de la eliminación: la lógica de la deshumanización. Como víctimas de persecuciones en Europa, debían primero deshumanizar a toda una nación o sociedad nativa, antes de disponerse a hacer lo mismo o algo peor a otros seres humanos.

Como consecuencia de esas lógicas gemelas, naciones y civilizaciones enteras fueron aniquiladas por movimientos colonialistas de pobladores en las Américas. Los nativos americanos, del sur y del norte, fueron masacrados, convertidos por la fuerza al cristianismo y finalmente confinados en reservas o en las zonas

---

[2] Patrick Wolfe, «Settler Colonialism and the Logic of Elimination of the Native», *Journal of Genocide Research*, 8:4 (2006), pp. 387-409.

[3] *Ibid.*

menos ricas del país. Un destino similar esperaba a los aborígenes en Australia y en menor medida a los maoríes en Nueva Zelanda. En Sudáfrica esos procesos terminaron con la imposición del sistema de *apartheid* a la población local, mientras que a los argelinos se les impuso un sistema algo más complejo durante aproximadamente un siglo.

El sionismo no es por tanto un fenómeno *sui generis*, sino un ejemplo de un proceso más amplio. Esto es importante, no solo para entender las maquinaciones del proyecto colonial, sino también para nuestra interpretación de la resistencia palestina frente a él. Si uno afirma que Palestina era una tierra sin gente esperando a gente sin tierra, se les priva a los palestinos de cualquier argumento para protegerse. Todos sus esfuerzos para aferrarse a su tierra se convierten en actos violentos infundados contra los dueños legítimos. Como tal, es difícil separar la discusión del sionismo como colonialismo de la cuestión de los palestinos como pueblo nativo colonizado. Ambos están vinculados en el mismo análisis.

La narrativa oficial o mitología fundacional israelí se niega a conceder a los palestinos ni siquiera un mínimo derecho moral a resistirse a la colonización judía de su patria iniciada en 1882. Desde el principio, la resistencia palestina se atribuyó al odio hacia los judíos y se le acusó de promover una campaña de terror antisemita que comenzó cuando llegaron los primeros colonos y prosiguió hasta la creación del Estado de Israel. Los diarios de los primeros sionistas cuentan una historia diferente. Están llenos de anécdotas que revelan que los colonos fueron bien recibidos por los palestinos, que les ofrecieron refugio y en muchos casos les enseñaron a cultivar la tierra[4]. Solo cuando quedó claro que los colonos no habían llegado allí para convivir con la población nativa, sino para sustituirla, comenzó la resistencia palestina, que inmediatamente adoptó la misma forma que cualquier otra lucha anticolonialista.

La idea de que los judíos perseguidos tenían derecho a un refugio seguro no fue objetada por los palestinos ni por quienes

[4] Véase Pappé, «Shtetl Colonialism», cit.

los apoyaban. Sin embargo, los líderes sionistas no respondieron con la misma moneda; aunque los palestinos ofrecieron albergue y empleo a los primeros colonos, y no se opusieron a trabajar con ellos fuera quien fuera el patrón, los ideólogos sionistas tenían muy clara la necesidad, tanto de expulsar a los palestinos del mercado laboral del país, como de sancionar a los colonos que siguieran empleando a palestinos o a quienes trabajaran con ellos, idea que se resumía en la necesidad de acabar con la *avodah aravit* (mano de obra árabe). Gershon Shafir, en su trabajo pionero sobre la Segunda Aliyah [la segunda ola de inmigración sionista, 1904-14], explica cómo se desarrolló y se practicó esta ideología[5]. El principal dirigente de esa segunda oleada, David Ben-Gurion, se refería constantemente a la mano de obra árabe como una enfermedad, para la que el único remedio era la mano de obra judía. En sus cartas y las de otros colonos, los trabajadores judíos aparecen como la sangre saludable que inmunizaría a la nación frente a la podredumbre y la muerte. Ben-Gurion también insistía en que emplear «árabes» le recordaba la vieja historia judía de un hombre estúpido que resucitó a un león muerto que luego lo devoró[6].

La reacción positiva inicial de los palestinos confundió a algunos de los colonos judíos durante el periodo del Mandato británico (1918-1948). El primer reflejo colonialista era ignorar a la población nativa y crear comunidades cerradas; pero la vida ofrecía diferentes oportunidades. Existen abundantes pruebas de coexistencia y cooperación entre los judíos recién llegados y la población nativa en casi todas partes. Los colonos judíos, particularmente en los centros urbanos, no podían sobrevivir sin relacionarse, al menos económicamente, con los palestinos. A pesar de los numerosos intentos de los líderes sionistas de impedir esas interacciones, a lo largo de aquellos años se crearon

[5] Para un examen de esas obras y la primera introducción al paradigma colonialista en la investigación del sionismo, véase Ram, «The Colonisation Perspective in Israeli Sociology».

[6] Natan Hofshi, «Un Pacto con la Tierra», en *El libro de la Segunda Aliya*, cit., p. 239.

cientos de empresas conjuntas, por no hablar de la cooperación sindical y la colaboración agrícola. Pero sin el apoyo político desde arriba esto no podía abrir la vía para una realidad diferente en Palestina[7].

Al mismo tiempo, los líderes políticos palestinos se volvieron más hostiles a tales iniciativas conjuntas a medida que el movimiento sionista se hacía más agresivo. La lenta comprensión entre la elite política, social y cultural palestina de que el sionismo era un proyecto colonialista, fortaleció la identidad nacional común opuesta a los colonos, y finalmente hubo también presión palestina desde arriba para detener la cooperación y la interacción. El movimiento político palestino tardó en emerger, a partir de un pequeño sector –la sociedad musulmana-cristiana–, en varias ciudades palestinas. Sus principios rectores eran primordialmente modernizantes y laicos, sumados a las dos principales preocupaciones del mundo árabe en general, una perspectiva panárabe vinculada al patriotismo local, que se hicieron cada vez más fuertes después de la Segunda Guerra Mundial.

La primera erupción del nacionalismo panárabe se había producido en la segunda mitad del siglo XIX. Trajo consigo la esperanza de transformar el mundo otomano en una república árabe independiente, un poco como los Estados Unidos de América, o un imperio árabe-otomano, como el austro-húngaro. Cuando quedó claro que esa aspiración no podría hacer frente a los intereses imperiales de Gran Bretaña y Francia, que deseaban repartirse el Oriente Medio otomano, se desarrolló una versión más local del nacionalismo, adaptándose al mapa creado por los límites administrativos otomanos y la división del área por las potencias coloniales. Como se mencionó en el capítulo 1, el primer impulso nacionalista árabe se denominó *qawmiyya*, y la versión local posterior *wataniyya*. La comunidad palestina jugó un destacado papel en ambos. Sus intelectuales participaban en las diversas organizaciones y movimientos que buscaban la unidad, la

[7] He examinado esas cuestiones en detalle en *A History of Modern Palestine*, cit., pp. 108-116.

independencia y la autodeterminación de los países árabes. Al mismo tiempo, incluso antes de que Gran Bretaña definiera, con la ayuda de otras potencias europeas, el espacio geopolítico llamado Palestina, su existencia se manifestaba en las costumbres de la gente, su dialecto árabe particular y su historia compartida.

Cuando los sionistas llegaron a Palestina a finales del siglo XIX, los dos impulsos seguían funcionando en la comunidad palestina. Muchos de sus intelectuales y activistas soñaban con una república árabe unida. Otros preferían pensar en una Gran Siria, con Damasco como centro de un nuevo Estado del que formaría parte Palestina. Cuando llegaron los británicos y la comunidad internacional, a través de la Sociedad de Naciones, comenzó a discutir el futuro de Palestina, un grupo de destacados palestinos crearon un periódico llamado *Southern Syria*, e incluso consideraron la creación de un partido con ese nombre[8]. En 1919, cuando el presidente estadounidense Woodrow Wilson envió un grupo de investigadores, la Comisión King-Crane, para averiguar los deseos de los palestinos, estos descubrieron que la mayoría querían que el territorio fuera independiente.

Ya fueran panarabistas o patriotas locales, o quisieran formar parte de una Gran Siria, los palestinos estaban unidos en su deseo de no formar parte de un Estado judío. Sus líderes se opusieron a cualquier solución política que entregara cualquier parte de su pequeño país a la comunidad de colonos judíos. Como declararon de forma explícita en sus negociaciones con los británicos al final de la década de 1920, estaban dispuestos a compartirlo con los que ya habían llegado, pero no podían aceptar más[9]. La voz colectiva de los palestinos cristalizó en el cuerpo ejecutivo de la Conferencia Nacional Palestina que se reunió todos los años durante una década, a partir de 1919. Esa institución representó a los palestinos en sus negociaciones con el gobierno británico y el movimiento sionista. Sin embargo, antes de que eso sucediera, los británicos trataron de alcanzar un acuerdo de igualdad entre las partes. En 1928 la dirección palestina, a pesar de los

[8] Khalidi, *Palestinian Identity*, cit., p. 239.

[9] Véase Pappé, *A History of Modern Palestine*, cit., pp. 109-116.

deseos de la gran mayoría de su gente, aceptó que los colonos judíos tuvieran igual representación en los cuerpos futuros del Estado. La dirección sionista estaba a favor de la idea solo en la medida en que sospechaba que los palestinos la rechazarían. La representación compartida se oponía a todo lo que se suponía que el sionismo propugnaba, y cuando la propuesta fue aceptada por la parte palestina, fue rechazada por los sionistas. Esto condujo a los disturbios de 1929, entre ellos la masacre de judíos en Hebrón y un número mucho mayor de muertos en la comunidad palestina[10]. Pero también había otras razones para aquella oleada de violencia, la más grave desde el comienzo del Mandato. Fue provocada por el desalojo de los arrendatarios palestinos de los terrenos que hasta entonces habían sido propiedad de terratenientes ausentes y notables locales y que habían sido comprados por el Fondo Nacional Judío. Esos arrendatarios habían vivido durante siglos en el campo, pero ahora se vieron obligados a trasladarse a barrios marginales en las ciudades. En uno de ellos, al noreste de Haifa, el predicador sirio exiliado Izz ad-Din al-Qassam, reclutó a principios de la década de 1930 a sus primeros seguidores para una guerra santa islámica contra los británicos y el movimiento sionista. Su legado quedó asegurado cuando su nombre fue adoptado por el ala militar del movimiento Hamás.

Después de 1930, la dirección palestina se institucionalizó en la forma del Alto Comité Árabe, un organismo que representaba a todos los movimientos y partidos políticos de la comunidad palestina. Hasta 1937 siguió intentando un compromiso con el gobierno británico, pero para entonces tanto los sionistas como los imperialistas habían dejado de preocuparse por lo que pudiera ser el punto de vista palestino y prosiguieron unilateralmente la determinación del futuro del territorio. En aquel momento el movimiento nacional palestino consideraba ya al sionismo como un proyecto colonialista que debía ser derrotado. Sin embargo, todavía en 1947, cuando Gran Bretaña decidió remitir la cues-

[10] Véase Ilan Pappé, *The Ethnic Cleansing of Palestine*, Oxford, Oneworld, 2006, pp. 29-39 [ed. cast.: *La limpieza étnica de Palestina*, Barcelona, Crítica, 2009].

tión a las Naciones Unidas, los palestinos sugirieron, junto a otros Estados árabes, un Estado unitario en Palestina para reemplazar al Mandato. La ONU deliberó sobre el destino de Palestina durante siete meses y tuvo que decidir entre dos opciones: la sugerida por los palestinos de un Estado unitario que absorbería a los pobladores judíos pero no permitiría ninguna otra colonización sionista; la otra sugería una partición del territorio en un Estado árabe y otro judío. La ONU prefirió esta última opción, y de ahí el mensaje a los palestinos: no podéis compartir la tierra con los colonos; lo más que podéis esperar es salvar la mitad y concederles a ellos la otra mitad.

Así pues, hay que imaginar al sionismo de entonces como un movimiento colonial de pobladores y al movimiento nacional palestino como anticolonialista. En este contexto podemos entender el comportamiento y las propuestas del líder de la comunidad, Hajj Amin al-Husayni, antes y durante la Segunda Guerra Mundial, bajo una luz diferente a la de la narración normalmente ofrecida como hecho histórico. Como sabrán muchos de los lectores, una de las acusaciones comunes propagadas incansablemente por los israelíes es que el líder palestino era un simpatizante nazi. El gran muftí de Jerusalén no era ningún ángel. A una edad muy temprana fue elegido por los notables palestinos y por los británicos para ocupar la posición religiosa más importante en la comunidad, que mantuvo durante todo el periodo del Mandato (1922-48) y que le aportó poder político y un alto estatus social. Intentó liderar a la comunidad palestina frente a la colonización sionista y, cuando en la década de 1930 gente como Izz ad-Din al-Qassam optó por la lucha armada, fue capaz de apartar a la mayoría de esa opción violenta. Sin embargo, cuando respaldó la propuesta de huelgas, manifestaciones y otras formas de lucha para intentar cambiar la política británica, se convirtió en enemigo del imperio y tuvo que escapar de Jerusalén en 1938[11]. En aquellas circunstancias se vio obligado a estrechar lazos con el enemigo de su enemigo, en aquel caso Italia y Alemania. Mientras estuvo asilado políticamente en Alemania durante dos años

[11] Véase Pappé, *The Rise and Fall of a Palestinian Dynasty*, cit., pp. 283-287.

cayó bajo la influencia de la doctrina nazi y acabó por no saber distinguir entre judaísmo y sionismo. Su aceptación de las tareas de comentarista de radio para los nazis, tratando de ayudar a reclutar musulmanes en los Balcanes para el esfuerzo de guerra alemán, mancha sin duda su carrera, pero no actuó de manera diferente a los líderes sionistas en la década de 1930, que también buscaron una alianza con los nazis contra el Imperio británico, o de otros movimientos anticolonialistas que querían librarse del Imperio por medio de alianzas con sus principales enemigos.

Cuando terminó la guerra en 1945, el gran muftí recuperó su puesto e intentó organizar a los palestinos en vísperas de la Nakbah[12], pero ya no tenía tanto poder y el mundo al que pertenecía, el de los notables urbanos árabes del mundo otomano, había desaparecido. Si merece una crítica no es por sus errores acerca del sionismo sino por su falta de simpatía hacia la difícil situación de los campesinos en Palestina y por sus desacuerdos con otros notables, lo que debilitó al movimiento anticolonialista. Nada de lo que hizo justifica su encasillado, en el proyecto sionista estadounidense *The Encyclopedia of the Holocaust*, como la figura más odiosa después de Hitler[13]. Al final, ni sus errores ni sus logros tuvieron mucho efecto en el curso de la historia palestina. Fue absuelto de ser tratado como criminal de guerra por los aliados y se le permitió regresar a Egipto, pero no a Palestina, al final de la guerra.

Con todos sus errores, antes de escapar de Palestina en 1938, y hasta cierto punto después en el exilio, lideró un movimiento de liberación anticolonialista. El hecho de que fuera muftí –y que por tanto creyera que la religión debía jugar un papel fundamental en la lucha contra un movimiento colonialista que codiciaba su tierra y amenazaba la existencia de su pueblo–, no es lo más relevante. Otros movimientos anticolonialistas, como el FLN en Ar-

---

12 *Al Nakbah* o Nakba, catástrofe, en árabe, término empleado por los palestinos y el mundo árabe para referirse a la Guerra de 1948 y sus consecuencias para la población palestina.

13 Para un análisis en profundidad, véase Ilan Pappe, *The Idea of Israel: A History of Power and Knowledge*, Londres y Nueva York, Verso, 2010, pp. 153-178 [ed. cast.: *La idea de Israel*, Madrid, Akal, 2015].

gelia, tenían una fuerte conexión con el islam, al igual que muchos movimientos de liberación en el mundo árabe que luchaban por independizarse de Italia, Gran Bretaña y Francia después de la Segunda Guerra Mundial. Tampoco fue único en la historia de las luchas anticolonialistas el compromiso del muftí con la violencia, o el de otros líderes como al-Qassam (asesinado por los británicos en 1935 y enterrado cerca de Haifa). Los movimientos de liberación en Sudamérica y el sudeste de Asia no fueron organizaciones pacifistas, y pusieron su fe tanto en la lucha armada como en el proceso político. Si el muftí hubiera podido regresar a Palestina, no solo se habría dado cuenta de que el sionismo era un proyecto colonizador exitoso, sino, lo más importante, que estaba en vísperas de llevar a la práctica su proyecto existencial más crucial.

En 1945 el sionismo había atraído a más de medio millón de colonos a un país cuya población era de aproximadamente dos millones de personas. Algunos llegaron con la autorización del gobierno del Mandato y otros sin ella. La población nativa local no fue consultada, ni se tuvo en cuenta su objeción al proyecto de convertir a Palestina en un Estado judío. Los colonos lograron construir un Estado dentro de un Estado, con toda la infraestructura necesaria, pero fallaron en dos aspectos. Solo lograron comprar el 7% de la tierra, lo que no era suficiente para un futuro Estado. También eran una minoría, un tercio de la población en un país en el que querían ser la nación exclusiva.

Como con todos movimientos coloniales de pobladores anteriores, la respuesta a estos problemas fue la doble lógica de la deshumanización y la aniquilación. La única forma que tenían los residentes de expandir su dominio sobre la tierra más allá del 7%, y de garantizarse una mayoría demográfica exclusiva, era expulsar a los nativos de su tierra natal. El sionismo es, por lo tanto, un proyecto colonizador de pobladores, que aún no se ha completado. Palestina no es enteramente judía demográficamente, y aunque Israel la controla políticamente por diversos medios, el Estado de Israel todavía está construyendo nuevas colonias en Galilea, el Néguev y Cisjordania para aumentar el número de judíos allí, desposeyendo a los palestinos y negando el derecho de los nativos a su tierra natal.

CAPÍTULO V

Los palestinos abandonaron voluntariamente su país en 1948

Hay dos preguntas relacionadas con esta suposición, y ambas serán examinadas aquí. Primera: ¿había una decisión de expulsar a los palestinos? Segunda: en vísperas de la guerra de 1948, ¿fueron llamados los palestinos por sus dirigentes a abandonar voluntariamente sus hogares, como asegura la mitología sionista?

La importancia de la idea del traslado en el pensamiento sionista fue analizada, a mi modo de ver muy convincentemente, en el libro de Nur Masalha *Expulsion of the Palestinians*[1]. Aquí solo voy a insertar algunas citas para poner de relieve la cuestión de que los líderes y los ideólogos sionistas no podían imaginar que su proyecto de colonización tuviera éxito sin deshacerse de la población nativa, ya fuera mediante un acuerdo o por la fuerza. Más recientemente, después de años de negación, historiadores sionistas como Anita Shapira han aceptado que sus héroes, los líderes del movimiento sionista, estudiaron seriamente la idea y las formas de transferir a los palestinos. Sin embargo, se aferran desesperadamente al hecho que hubo una confusión entre la transferencia «obligatoria» y la «voluntaria»[2]. Es cierto que en público todos los líderes e ideólogos sionistas hablaban de la transferencia acordada; pero incluso esos discursos revelan una amarga verdad: no existe un traslado voluntario. Es semántica, no palabras

[1] Nur Masalha, *Expulsion of the Palestinians: The Concept of «Transfer» in Zionist Political Thought, 1882-1948*, Washington, Institute for Palestine Studies, 1992.

[2] Véase Anita Shapira, *Land and Power*, Nueva York, Oxford University Press, 1992, pp. 285-286.

Berl Katznelson fue probablemente uno de los ideólogos sionistas más importantes en la década de 1930. Era conocido como la conciencia moral del movimiento. Su apoyo a la transferencia era inequívoco. En la vigésima conferencia sionista, convocada poco después de que los británicos hicieran su primera propuesta significativa de paz, expresó enérgicamente su apoyo a la idea. Les dijo a los asistentes:

> Lo tengo totalmente claro. Un vecino distante es mejor que un enemigo cercano. Ellos no perderán al trasladarse y nosotros evidentemente tampoco. En último análisis se trata de una reforma política que beneficia a ambas partes. Durante mucho tiempo he estado convencido de que esa es la mejor solución […] y ahora creo que debe suceder cuanto antes[3].

Cuando supo que el gobierno británico estaba considerando la posibilidad de trasladar a los palestinos dentro de Palestina, se sintió muy decepcionado: «La transferencia "dentro de Palestina" significaría el área de Shechem (Nablus). Creo que su futuro está en Siria e Iraq»[4].

En aquellos días, líderes como Katznelson esperaban que los británicos convencieran o indujeran a la población local a irse. En una carta infame de Ben-Gurion a su hijo Amos en octubre de 1937, ya entendía que podría ser necesario hacerlo por la fuerza[5]. Públicamente, ese mismo año, Ben-Gurion apoyó a Katznelson, diciendo:

> La transferencia obligatoria de los árabes de los valles del Estado judío propuesto podría darnos algo que nunca tuvimos, ni siquiera cuando nos quedamos solos durante los días del primer y segundo Templo […] Nos dan una oportunidad con la que nunca nos atrevimos a soñar ni en nuestros anhelos más descabellados.

---

[3] Citado en David Ben-Gurion, *Los Caminos de nuestro Estado*, Am Oved, Tel Aviv, 1938, pp. 179-180 (en hebreo).

[4] *Ibid.*

[5] Véase la traducción de la carta al inglés en palestineremembered.com.

Esto es más que un Estado, un gobierno y una soberanía, esto es la consolidación nacional en una patria libre[6].

De forma parecida le dijo a la Asamblea Sionista en 1937: «En muchos lugares del país no será posible establecerse sin transferir a los *fellahin* árabes», algo que esperaba que hicieran los británicos[7]. Pero con o sin ellos, Ben-Gurion articuló claramente la necesidad de la expulsión en el futuro del proyecto sionista en Palestina cuando escribió ese mismo año: «con la transferencia obligatoria tendríamos una gran área para el asentamiento [...] Apoyo la transferencia obligatoria. No veo nada inmoral en ella»[8].

En 2008 un periodista israelí, revisando esas declaraciones del pasado, concluía que seguían siendo aceptables para muchos israelíes setenta años después. De hecho, desde 1937 la expulsión de los palestinos ha formado parte del ADN sionista del Estado judío moderno[9]. Sin embargo, el proceso no fue sencillo. Ben-Gurion y los demás líderes mostraban cautela sobre lo que se debía hacer si resultaba imposible convencer a los palestinos para que se fueran. Más allá de eso, no estaban dispuestos a explicitar ningún plan. Todo lo que Ben-Gurion estaba dispuesto a decir era que no se oponía a la transferencia forzada, pero que no la consideraba necesaria en aquel momento histórico.

Esta ambivalencia atrajo la atención de Katznelson. En una asamblea pública en 1942, algunos líderes sionistas de izquierda que pensaban que Ben-Gurion había renunciado a la idea de la transferencia de los palestinos le preguntaron al respecto, y respondió: «En la medida en que conozco la ideología sionista, eso [la transferencia] es parte de la realización del sionismo; el proyecto de ese sionismo es la transferencia de la gente de un país a

[6] Yosef Gorny, *La cuestión árabe y el problema judío*, Am Oved, Tel Aviv, 1985, p. 433 (en hebreo).

[7] Benny Morris, *Righteous Victims: A History of the Zionist-Arab Conflict, 1881-1999*, Nueva York, Random House, 2001, p. 142.

[8] Masalha, *Expulsion of the Palestinians*, cit., p. 117.

[9] Véase el informe de Eric Bender en *Maariv*, 31 de marzo de 2008.

otro: una transferencia acordada»[10]. En público Ben-Gurion, el líder del movimiento, y otros ideólogos como Katznelson, estaban todos a favor de lo que llamaban transferencia voluntaria. Ben-Gurion dijo: «La transferencia de los árabes es más fácil que cualquier otra, ya que hay Estados árabes en el área». Añadió que sería una mejora para los palestinos ser transferidos (no explicó por qué). Sugirió transferirlos a Siria. También siguió hablando de transferencia voluntaria[11].

Sin embargo, no era una posición honesta, ni tampoco era posible. De hecho, los colegas de esos líderes e ideólogos no podían dejar de ver que tal transferencia solo podría darse de forma compulsiva. En una reunión cerrada de la Agencia Ejecutiva Judía dedicada a la transferencia, en junio de 1938, todos los miembros reunidos, incluidos Ben-Gurion, Katznelson, Sharett y Ussishkin, estaban al parecer a favor de la transferencia obligatoria. Katznelson intentó explicar de qué tipo de obligatoriedad se trataba: «¿Qué se entiende por transferencia obligatoria? ¿Es una transferencia contra los deseos del Estado árabe? En contra de tales deseos ninguna fuerza en el mundo podría llevar a la práctica tal transferencia»[12]. Explicó que solo significaba vencer la resistencia de los propios palestinos:

> Si hay que acordar la transferencia con cada aldea árabe y con cada uno de los árabes, nunca se resolverá el problema. Estamos realizando continuamente transferencias de árabes; pero el problema será la transferencia de un gran número de árabes con el acuerdo del Estado árabe[13].

Ahí estaba el asunto clave. Se hablaba de transferencia voluntaria y la estrategia fue gradual hasta que surgió la oportunidad de una transferencia masiva en 1948. Incluso si se acepta la tesis

---

[10] Berl Katznelson, *Writings*, Tel Aviv, Davar, 1947, vol. 5, p. 112.

[11] Central Zionist Archives, Minutes of the Jewish Agency Executive, 7 de mayo de 1944, pp. 17-19.

[12] Central Zionist Archives, Minutes of the Jewish Agency Executive, 12 de junio de 1938, pp. 31-32.

[13] *Ibid.*

de Benny Morris en su libro *The Birth of the Palestinian Refugee Problem*, de que la transferencia fue en la práctica gradual y no masiva, después de que se hubiera alcanzado cierto número, aunque se hiciera gradualmente, el resultado seguiría siendo una limpieza étnica masiva, de la que hablaremos con detalle más adelante.

De las actas de la reunión de junio de 1938 inferimos que el lenguaje de la transferencia voluntaria ocultaba en realidad una transferencia compulsiva. Ben-Gurion afirmó que llevar a cabo una transferencia obligatoria, especialmente si la organizaban los británicos, «sería el mayor logro en la historia del asentamiento judío en Palestina». Y agregó, como ya comentamos anteriormente, «estoy a favor de la transferencia obligatoria; No veo nada en ella contrario a la ética». Menachem Ussishkin, un destacado líder e ideólogo, añadió que» era más ético transferir a los árabes fuera de Palestina y reasentarlos en mejores condiciones». Insinuó que esa era probablemente la lógica que subyacía bajo la Declaración Balfour. Además, no se perdió el tiempo en comenzar una discusión sobre los números y los medios para alcanzarlos. Esas cuestiones no se analizarían en detalle hasta 1948, pero los fundamentos se habían puesto ya en la asamblea de 1938. Una minoría muy pequeña de los presentes objetó la transferencia obligatoria. Siria era el destino preferido y se esperaba poder trasladar al menos a 100.000 palestinos en la primera oleada[14].

La discusión sobre la transferencia se suspendió durante la Segunda Guerra Mundial al concentrar la comunidad judía sus esfuerzos en aumentar el número de inmigrantes e ir estableciendo los cimientos del futuro Estado. La cuestión se relanzó cuando quedó claro que Gran Bretaña estaba a punto de abandonar Palestina. La decisión británica se anunció en febrero de 1947, y es entonces cuando vemos una intensificación de la discusión sobre la transferencia forzada. En mi libro *The Ethnic Cleansing of Palestine* examiné la forma en que esas discusiones se convirtieron desde 1947 en un plan maestro para la expulsión masiva de pales-

[14] *Ibid.*

tinos en marzo de 1948 (Plan D), cuestión sobre la que volveré más adelante en este mismo capítulo. La línea oficial israelí, sin embargo, no ha cambiado en años: los palestinos se convirtieron en refugiados porque sus líderes, y los líderes del mundo árabe, les dijeron que abandonaran Palestina antes de que los ejércitos árabes invadieran el país y expulsaran a los judíos, después de lo cual podrían regresar. Pero no existió tal llamamiento, es un mito inventado por el Ministerio de Asuntos Exteriores israelí, cuya respuesta, durante el breve intento de la ONU de lograr la paz inmediatamente después de la guerra de 1948, fue que los refugiados habían huido. Sin embargo, ese particular proceso de paz (que duró unos pocos meses en la primera mitad de 1949) fue tan breve que no se le pidió a Israel que proporcionara ninguna prueba de esa afirmación. Así, durante largos años, el problema de los refugiados fue eliminado de la agenda internacional.

La necesidad de proporcionar pruebas surgió a principios de la década de 1960, como hemos sabido recientemente gracias al diligente trabajo de Shay Hazkani, un reportero independiente que trabaja para *Haaretz*[15]. Según su investigación, durante los primeros días de la presidencia de Kennedy su gobierno comenzó a ejercer presión sobre Israel para que permitiera el regreso de los refugiados de 1948. La posición oficial de Estados Unidos desde 1948 había sido esa, apoyando el derecho de los palestinos a regresar a sus casas. De hecho, ya en 1949 los estadounidenses habían ejercido presión sobre Israel para repatriar a los refugiados e impuso sanciones al Estado judío por negarse a ello. Sin embargo, aquella presión fue efímera y al intensificarse la Guerra Fría los estadounidenses perdieron interés por el problema hasta que John F. Kennedy llegó al poder (también fue el último presidente de los EE.UU. en negarse a proporcionar a Israel una gran ayuda militar; después de su asesinato el grifo quedó totalmente abierto, un estado de cosas que indujo a Oliver Stone a aludir a una conexión israelí con el asesinato del presidente en su película *JFK*).

---

[15] Shay Hazkani, «Catastrophic Thinking: Did Ben-Gurion Try to Re-write History?», *Haaretz*, 16 de mayo de 2013.

Uno de los primeros actos del gobierno de Kennedy a este respecto fue tomar parte activa en una discusión de la Asamblea General de la ONU sobre el asunto en el verano de 1961. El primer ministro Ben-Gurion entró en pánico. Estaba convencido de que, con la bendición estadounidense, la ONU podría obligar a Israel a repatriar a los refugiados. Quería que los estudiosos israelíes realizaran investigaciones que probaran que los palestinos se habían ido voluntariamente y con este fin se dirigió al Instituto Shiloah, el principal centro académico israelí de estudios de Oriente Medio en aquella época. Se le confió la tarea a un joven investigador, Ronni Gabai. Con su permiso para acceder a documentos clasificados (secretos), llegó a la conclusión de que las principales causas del éxodo palestino fueron las expulsiones, el miedo y la intimidación. Lo que no encontró fue ninguna prueba de que los líderes árabes hubieran pedido a los palestinos que huyeran para abrir paso a los ejércitos invasores. Sin embargo, ahí hay un enigma. La conclusión recién mencionada apareció en el doctorado de Gabai sobre el tema y él recuerda que fue esa la que envió al Ministerio de Asuntos Exteriores[16]. Y sin embargo, en su investigación en los archivos, Hazkani encontró una carta de Gabai al Ministerio de Asuntos Exteriores que resumía su investigación y mencionaba el llamamiento árabe al éxodo como su causa principal.

Hazkani entrevistó a Gabai, quien todavía hoy está convencido de que no escribió esa carta y que no reflejaba la investigación que él había llevado a cabo. Alguien, aún no sabemos quién, envió un resumen diferente de su investigación. En cualquier caso, Ben-Gurion no estaba satisfecho. Le parecía que el resumen –no leyó toda la investigación–, no era lo bastante concluyente. Por eso pidió que un investigador que conocía, Uri Lubrani, más tarde uno de los expertos del Mossad sobre Irán, llevar a cabo un segundo estudio. Lubrani le pasó el encargo a Moshe Maoz, quien hoy día es uno de los principales orientalistas de Israel. Maoz escribió su estudio y en septiembre de 1962 Ben-Gurion tenía lo que el mismo describía como nuestro Libro Blanco que demues-

[16] *Ibid.*

tra sin lugar a dudas que los palestinos huyeron porque se les dijo que lo hicieran. Moaz pasó luego a hacer un doctorado en Oxford bajo la dirección de Albert Hourani (sobre un tema no relacionado con el anterior), pero dijo en una entrevista que su investigación se vio afectada menos por los documentos que había visto que por el encargo político que había recibido[17].

Los documentos que Gabai examinó a principios de 1961 fueron desclasificados a finales de la década de 1980 y varios historiadores, entre ellos Benny Morris y yo mismo, vimos por primera vez pruebas claras de lo que había empujado a los palestinos a abandonar Palestina. Aunque Morris y yo no hemos estado de acuerdo en el grado en que la expulsión fue premeditada y planeada, en lo que sí coincidimos fue en que no hubo un llamamiento de los líderes árabes y palestinos para que la gente huyera. Nuestra investigación –descrita desde entonces como el trabajo de los «nuevos historiadores»–, reafirmaba la conclusión de Gabai de que los palestinos perdieron sus hogares y su patria principalmente a causa de la violencia, la intimidación y el miedo[18].

Morris afirmó que la razón principal de lo que él llamó el «Nacimiento del problema de los refugiados palestinos» fue el inicio del conflicto entre Israel y los ejércitos árabes que invadieron el país el día en que los británicos pusieron fin a su Mandato, el 15 de mayo de 1948. Yo he argumentado que no fue solo la guerra, ya que la mitad de los que se convirtieron en refugiados –cientos de miles de palestinos– habían sido expulsados antes de que comenzara. Además, afirmé que la guerra fue iniciada por Israel para asegurar la oportunidad histórica para expulsar a los palestinos[19].

La idea de que los palestinos huyeron voluntariamente no es la única suposición falsa asociada con la guerra de 1948. Hay otras tres que a menudo se exponen para explicar los aconteci-

---

[17] *Ibid.*

[18] La primera persona en refutar esas afirmaciones fue el periodista irlandés Erskine Childs en *The Spectator*, 12 de mayo de 1961.

[19] Ilan Pappé, «Why were they Expelled?: The History, Historiography and Relevance of the Refugee Problem», en Ghada Karmi y Eugene Cortan (eds.), *The Palestinian Exodus, 1948-1988*, Londres, Ithaca, 1999, pp. 37-63.

mientos de aquel año. La primera es que hay que culpar a los palestinos por lo que les sucedió, ya que rechazaron el plan de partición de la ONU de noviembre de 1947. Esta acusación ignora la naturaleza colonialista del movimiento sionista. Lo que está claro es que la limpieza étnica de los palestinos no se puede justificar de ningún modo como un «castigo» por rechazar un plan de paz de la ONU que fue diseñado sin ninguna consulta con los propios palestinos.

Las otras dos suposiciones asociadas con 1948 son que Israel era una especie de David combatiendo contra un Goliat árabe y que después de la guerra Israel tendió la mano de la paz, pero los palestinos y el mundo árabe en general rechazaron el gesto. La investigación sobre la primera suposición ha demostrado que los palestinos no tenían ningún poder militar y que los Estados árabes solo enviaron un contingente relativamente pequeño de tropas, más pequeñas que las fuerzas judías y mucho peor equipadas o entrenadas. Además, estas tropas fueron enviadas a Palestina, no como reacción a la declaración de la fundación del Estado de Israel, sino como respuesta a las operaciones sionistas que ya habían comenzado en febrero de 1948, y en particular a raíz de la masacre en la aldea de Der Yassin, cerca de Jerusalén, en abril de 1948[20].

En cuanto al tercer mito, que el Estado israelí tendió una mano de paz después del conflicto, los documentos muestran lo contrario. De hecho, el intransigente liderazgo israelí se negó rotundamente a entrar en negociaciones sobre el futuro de la Palestina posterior al Mandato o a considerar el regreso de las personas que habían sido expulsadas o habían huido. Mientras los gobiernos árabes y los líderes palestinos estaban dispuestos a participar en una nueva iniciativa de paz, más razonable, los líderes israelíes hicieron la vista gorda cuando en septiembre de 1948 terroristas judíos asesinaron al mediador de paz de la ONU, el Conde Bernadotte. Rechazaron además cualquier nueva propuesta de paz adoptada por el organismo que reemplazó a Bernadotte, la Comisión de Conciliación Palestina (CCP), cuando

[20] Véase Pappé, *The Ethnic Cleansing of Palestine*, cit.

comenzaron nuevas negociaciones a finales de 1948. Como consecuencia, la misma Asamblea General de la ONU que había votado por mayoría de dos tercios el plan de partición en noviembre de 1947, votó sin objeciones un nuevo plan de paz en diciembre de 1948, la Resolución 194, aprobada el 11 de diciembre. Contenía tres recomendaciones: renegociar la partición de Palestina de forma que se adecuara mejor a las realidades demográficas sobre el terreno; el retorno pleno e incondicional de todos los refugiados; y la internacionalización de Jerusalén[21].

La intransigencia israelí iba a continuar. Como mostró el historiador Avi Shlaim en su libro *The Iron Wall*, contrario al mito de que los palestinos nunca desaprovecharon la oportunidad de rechazar la paz, fue Israel quien rechazó reiteradamente las ofertas que estaban sobre la mesa[22]. Comenzó con el rechazo de una oferta de paz y nuevas ideas para la cuestión de los refugiados presentadas por el gobernante sirio Husni al-Zaim en 1949 y prosiguió con el sabotaje por parte de Ben-Gurion de los primeros emisarios de paz enviados por Gamal Abdel Nasser a principios de la década de 1950. Más conocida es la forma en que Israel se negó a mostrar flexibilidad en sus negociaciones con el rey Hussein en 1972 (en las que trató de mediar Henry Kissinger sobre Cisjordania) y su negativa a escuchar la advertencia del presidente egipcio Sadat en 1971 de que si no negociaban bilateralmente sobre el Sinaí, se vería obligado a ir a la guerra, lo que hizo dos años después, en un golpe traumático a la sensación de seguridad e invencibilidad de Israel.

Todos estos mitos que rodean a 1948 se fusionan en la imagen de un Estado judío que combate contra todo pronóstico, ofreciendo ayuda a los palestinos, alentándolos a quedarse y proponiéndoles la paz, encontrándose con que no había «nadie» con quien discutir al otro lado. La mejor manera de contrarrestar esta imagen es describir, paciente y sistemáticamente, los acontecimientos que tuvieron lugar en Palestina entre 1946 y 1949.

---

[21] Avi Shlaim, *The Iron Wall: Israel and the Arab World*, Londres, Penguin, 2014.

[22] *Ibid.*

En 1946, el gobierno británico en Londres pensaba que podría mantenerse en Palestina durante algún tiempo. Comenzó a desplazar al territorio fuerzas acuarteladas en Egipto a medida que la lucha de liberación nacional egipcia se intensificaba aquel año. Sin embargo, un crudo invierno, crecientes tensiones entre los grupos paramilitares sionistas que habían comenzado a actuar contra las fuerzas británicas y, lo más importante, la decisión de abandonar la India, dieron lugar a un cambio espectacular en la política británica hacia Palestina. En febrero de 1947 Gran Bretaña decidió abandonar la región. Las dos comunidades (colonos y nativos) reaccionaron de manera muy diferente a la noticia. La comunidad palestina y sus líderes supusieron que el proceso sería similar al de los países árabes vecinos. La administración del Mandato transferiría gradualmente el poder a la población local, que decidiría democráticamente la naturaleza del Estado futuro. Los sionistas, en cambio, estaban mucho mejor preparados para lo que vino después. Inmediatamente después de la decisión de Londres de retirarse, la dirección sionista se aprestó en dos frentes, diplomático y militar, preparándose para una futura confrontación.

Al principio la atención se centró en la diplomacia, tratando de encontrar la forma de derrotar la bien fundada argumentación palestina en favor de una decisión democrática sobre el futuro del país. Una forma particular de hacerlo fue asociando el Holocausto y el destino de los judíos en todo el mundo con el de la comunidad de los colonos judíos en Palestina. Así, los diplomáticos sionistas se esforzaron por persuadir a la comunidad internacional de que la cuestión de quién reemplazaría a Gran Bretaña como poder soberano en Palestina quedaba asociada con el destino de todos los judíos del mundo. Y lo que era aún más conmovedor, esta política se asoció con la necesidad de compensar al pueblo judío por su sufrimiento durante el Holocausto.

El resultado fue la Resolución de Partición de la ONU del 29 de noviembre de 1947. El documento fue preparado por un comité especial, UNSCOP (United Nations Special Committee on Palestine), formado por representantes con escasos conocimientos previos, si es que alguno, sobre la cuestión de Palestina.

La idea de que la división del territorio era la mejor solución provino del propio movimiento sionista. Los miembros del comité no buscaron en realidad juicios o comentarios de los propios palestinos. El Alto Comité Árabe, como institución política representativa de los palestinos, y la Liga Árabe, decidieron boicotear el UNSCOP. Ya estaba claro que el derecho de los palestinos a su patria no sería respetado en la misma medida en que lo había sido el de los iraquíes o los egipcios. Inmediatamente después de la Primera Guerra Mundial, la Sociedad de Naciones había reconocido el derecho de todas las naciones de Oriente Medio a la autodeterminación. La decisión en 1947 de excluir a los palestinos (así como la de excluir a la nación kurda) fue un grave error y una de las principales causas del conflicto que se mantiene en la región.

Los sionistas sugirieron que el 80% de Palestina debería corresponder a un Estado judío, mientras que el resto podría convertirse en un Estado palestino árabe independiente o anexionarse al Reino de Jordania, que por su parte contemplaba con ambigüedad los esfuerzos de la ONU: por un lado, se le ofrecía una posible ampliación de su árido reino con una parte de la fértil Palestina; por otro, no deseaba ser visto como traidor a la causa palestina. El dilema se hizo aún más agudo cuando los líderes judíos ofrecieron a los hachemitas de Jordania un acuerdo a ese efecto. En cierto modo, al final de la guerra de 1948, Palestina estaba más o menos dividida de esa manera entre el movimiento sionista y Jordania[23].

Sin embargo, los sionistas no disponían de un control absoluto sobre el UNSCOP. El comité, que deliberó sobre la solución entre febrero y noviembre de 1947, revisó los planes de los sionistas. Expandió el área asignada a los palestinos e insistió en que debería haber dos Estados independientes. Esperaba implícitamente que los dos Estados llegaran a una unión económica y una política de inmigración conjunta, y que cada comunidad tendría

---

[23] Avi Shlaim, *Collusion Across the Jordan: King Abdullah, the Zionist Movement and the Partition of Palestine*, Nueva York, Columbia University Press, 1988.

la posibilidad de votar en el otro Estado, si deseaba hacerlo. Como revelan los documentos desclasificados, los dirigentes sionistas aceptaron el nuevo mapa y los términos ofrecidos por la ONU porque conocían el rechazo del plan por el otro bando. También sabían que la división final del territorio quedaría determinada por la acción sobre el terreno más que por eventuales negociaciones en una sala del comité[24]. El resultado más importante fue la legitimación internacional del Estado judío, incluyendo sus futuras fronteras. Retrospectivamente, podemos apreciar que, desde la perspectiva de la dirección sionista en 1948, había adoptado el enfoque correcto a la hora de establecer el Estado sin fijar sus fronteras.

Esa dirección no se mantuvo inactiva entre el Plan de Partición y el final del Mandato en mayo de 1948. Tenía que estar activa. En el mundo árabe, la presión sobre los gobiernos para usar la fuerza contra el nuevo Estado judío era creciente. Mientras tanto, sobre el terreno en Palestina, los grupos paramilitares locales comenzaron a organizar ataques, principalmente contra los transportes judíos y colonias aisladas, tratando de adelantarse a la implementación de una decisión de convertir su patria en un Estado judío. Esos momentos de resistencia fueron bastante limitados y se agotaron en las semanas posteriores al anuncio la partición aprobada por la ONU. Por su parte, el liderazgo sionista actuaba en tres frentes discretos. El primero suponía prepararse para la posibilidad de una invasión militar por parte de los países árabes. Esto sucedió y ahora sabemos que el ejército judío se benefició de la falta de preparación, propósito y coordinación real de las fuerzas árabes. Las elites políticas árabes todavía eran bastante reacias a interferir en Palestina. Había un acuerdo tácito con Jordania de que ocuparía partes de Palestina, que luego se convertirían en Cisjordania, a cambio de una participación limitada en el esfuerzo de guerra. Esto resultó un factor crucial en el equilibrio de poder. El ejército jordano era el mejor entrenado en el mundo árabe.

[24] Esto fue convincentemente demostrado por Simha Flapan en *The Birth of Israel: Myths and Realities*, Nueva York, Pantheon, 1988.

En el frente diplomático, los meses de febrero y marzo de 1948 fueron un periodo particularmente tenso para el movimiento sionista. Estados Unidos, a través de sus enviados sobre el terreno, constató que el plan de partición de la ONU de noviembre de 1947 tenía pocas probabilidades de éxito. En lugar de aportar calma y esperanza al país, el propio plan había sido la razón principal de la reciente erupción de violencia. Ya había informes sobre palestinos que estaban siendo obligados a abandonar sus hogares y de asesinatos por ambos lados. Ambos bandos atacaban a los transportes públicos del otro y durante días se mantuvieron las escaramuzas en las líneas que separaban los vecindarios árabes de los judíos en las ciudades mixtas. El presidente de Estados Unidos, Harry Truman, aceptó replantearse la idea de la partición y sugirió un nuevo plan. A través de su embajador ante la ONU propuso un fideicomiso internacional en toda Palestina durante cinco años, a fin de dar más tiempo para la búsqueda de una solución.

Esa iniciativa se vio bruscamente interrumpida por los intereses creados. Fue la primera vez que se hizo uso del *lobby* judío en Estados Unidos para forzar un cambio en la posición de la administración estadounidense. Aún no existía AIPAC, pero ya se había aprestado el método para conectar la escena política doméstica en Estados Unidos con los intereses del sionismo, y más tarde de Israel, en Palestina. En cualquier caso, funcionó, y el gobierno estadounidense volvió a apoyar el plan de partición. Curiosamente, la URSS era aún más leal a la posición sionista y no tuvo ninguna duda al respecto. Con la ayuda de miembros del Partido Comunista de Palestina (PCP), facilitó el suministro de armas desde Checoslovaquia hasta las fuerzas judías antes y después de mayo de 1948. Los lectores de hoy pueden sentirse extrañados por esto, pero el apoyo del PCP a la causa sionista tenía dos razones. Primera, la Unión Soviética creía que el nuevo Estado judío sería socialista y antibritánico (y por tanto más inclinado hacia el Bloque del Este en la incipiente Guerra Fría). En segundo lugar, el PCP creía que la liberación nacional era una fase necesaria en el camino hacia la revolución social más completa, y reconocía tanto a los palestinos como a los sionistas como movimientos nacionales (esta es la razón por la que ese partido sigue defendiendo todavía hoy la solución de dos Estados)[25].

Mientras se esforzaba por obtener la aprobación internacional, la dirección sionista dedicaba su atención principalmente a preparar a su comunidad para la guerra, imponiendo el reclutamiento obligatorio y aprobando gravámenes, intensificando los preparativos militares y aumentando la compra de armas. También fue bastante eficiente en la recogida de información que demostraba la falta de preparación del resto del mundo árabe. Trabajar en dos frentes, el militar y el diplomático, no afectó a la estrategia sionista con respecto al tema que más preocupaba a los líderes del movimiento: ¿cómo crear un Estado que fuera a la vez democrático y judío ubicado en la mayor parte de Palestina que podía llegar a tener en sus manos? O, dicho de otro modo, ¿qué hacer con la población palestina en el futuro Estado judío? Las diversas deliberaciones sobre esta cuestión finalizaron el 10 de marzo de 1948, cuando el alto mando aprobó el infame Plan Dalet, el Plan D, que indicaba el destino de los palestinos que vivían en las áreas que debían ser ocupadas por las fuerzas judías. Los debates fueron dirigidos por el líder de la comunidad judía, David Ben-Gurion, quien estaba decidido a asegurar la exclusividad demográfica para los judíos en cualquier Estado futuro. Esa obsesión no solo guiaba sus acciones antes de 1948, sino también después de la creación del Estado de Israel. Como veremos, esto lo llevó en 1948 a orquestar la limpieza étnica de Palestina y en 1967 a oponerse a la ocupación de Cisjordania.

En los días posteriores a la adopción de la Resolución de la Partición, Ben-Gurion dijo a sus colegas de la dirección que un Estado judío en el que los judíos solo constituyeran el 60% de la población no era viable. Sin embargo, no reveló qué porcentaje

[25] Material nuevo y más profundo sobre este giro ha sido expuesto en el libro de Irene Gendzier, *Dying to Forget: Oil, Power, Palestine, and the Foundations of US Policy in the Middle East*, Nueva York, Columbia University Press, 2015.

de palestinos haría inviable el futuro Estado. Aun así, el mensaje que transmitió a sus generales y, a través de ellos, a las tropas sobre el terreno, fue claro: cuantos menos palestinos en un Estado judío, mejor. Esa es la razón por la que, tal como han demostrado estudiosos palestinos como Nur Masalha y Ahmad Sa'di, también trató de deshacerse de los palestinos que quedaron en el Estado judío después de la guerra (la «minoría árabe»)[26].

Algo más sucedió en el periodo comprendido entre el 29 de noviembre de 1947 (cuando se adoptó la Resolución de la ONU) y el 15 de mayo de 1948 (cuando concluyó el Mandato Británico) que ayudó al movimiento sionista a prepararse mejor para lo que se aproximaba. Cuando se acercaba el final del Mandato, las fuerzas británicas se retiraron al puerto de Haifa. En cada sector que abandonaban, las fuerzas militares de la comunidad judía tomaban inmediatamente el control, desplazando a la población local incluso antes del final del Mandato. El proceso comenzó en febrero de 1948 en algunas aldeas y culminó en abril con la limpieza de Haifa, Jaffa, Safad, Beisan, Acre y Jerusalén occidental. Estas últimas etapas ya habían sido planificadas sistemáticamente bajo el Plan D, preparado junto con el alto mando de la Haganah, el principal brazo militar de la comunidad judía. El plan incluía la siguiente referencia a los métodos que se emplearían en el proceso de limpieza de la población:

> Destrucción de pueblos (incendiar, volar y plantar minas en los restos), especialmente en los centros de población más difíciles de controlar continuamente [...]
>
> Montar operaciones de búsqueda y control de acuerdo con las siguientes directrices: cerco de la aldea y búsqueda dentro de ella. En caso de resistencia, la fuerza armada debe ser destruida y la población debe ser expulsada fuera de las fronteras del Estado[27].

---

[26] Ahmad Sa'di, «The Incorporation of the Palestinian Minority by the Israeli State, 1948-1970: On the Nature, Transformation and Constraints of Collaboration», *Social Text*, 21:2 (2003), pp. 75-94.

[27] Walid Khalidi, «Plan Dalet: Master Plan for the Conquest of Palestine», *Journal of Palestine Studies*, 18:1 (1988), pp. 4-33.

¿Cómo podía el pequeño ejército israelí organizar operaciones de limpieza étnica a gran escala al tiempo que se enfrentaba desde el 15 de mayo a fuerzas regulares del mundo árabe? En primer lugar, cabe destacar que la población urbana (aparte de tres ciudades: Lydd, Ramleh y Bir Saba) ya había sido expurgada antes de que llegaran los ejércitos árabes. En segundo lugar, el área rural palestina ya estaba bajo control israelí y los enfrentamientos con los ejércitos árabes tuvieron lugar en las fronteras de esas áreas rurales, no dentro de ellas. En un caso, en el que los jordanos podrían haber ayudado a los palestinos, en Lydd y Ramleh, el comandante británico del ejército jordano, Sir John Glubb, decidió retirar sus fuerzas y evitar la confrontación con el ejército israelí[28]. Finalmente, el esfuerzo militar árabe fue lamentablemente ineficaz y de corta duración. Después de algunos éxitos en las primeras tres semanas, su presencia en Palestina acabó en un caos de derrotas y retirada apresurada. Después de un breve periodo de calma hacia fines de 1948, la limpieza étnica israelí continuó sin tregua.

Desde nuestro punto de vista actual, no cabe sino definir las acciones israelíes en las áreas rurales palestinas como crimen de guerra y, de hecho, como un crimen de lesa humanidad. Si se ignora este duro hecho resulta imposible entender lo que subyace bajo la actitud de Israel hacia Palestina y los palestinos como sistema político y sociedad. El crimen cometido por la dirección del movimiento sionista, que se convirtió en el gobierno de Israel, fue el de limpieza étnica. No se trata de mera retórica, sino de un dictamen con implicaciones políticas, legales y morales de largo alcance. La definición de ese tipo de crimen quedó mucho más clara después de la guerra civil de la década de 1990 en los Balcanes: la limpieza étnica es cualquier acción de un grupo étnico destinada a expulsar a otro grupo étnico con el fin de transformar una región étnicamente mixta en una pura. Tal acción equivale a la limpieza étnica, independientemente de los medios empleados para obtenerla, desde la persuasión y las amenazas de expulsión a los asesinatos en masa.

[28] Benny Morris, *The Birth of the Palestinian Refugee Problem Revisited*, Cambridge, Cambridge University Press, 2004, p. 426.

Además, el acto mismo determina la definición. Como tal, ciertas medidas han sido consideradas como limpieza étnica por la comunidad internacional aun cuando no se descubriera o expusiera un plan maestro para su ejecución. En consecuencia, las víctimas de la limpieza étnica incluyen tanto las personas que abandonaron sus hogares por miedo como los expulsados por la fuerza como parte de una operación en curso. Las definiciones y las referencias relevantes se pueden encontrar en los sitios web del Departamento de Estado estadounidense y las Naciones Unidas[29] y son las que guían al Tribunal Internacional de La Haya cuando tiene que juzgar a los responsables de planear y ejecutar tales operaciones.

Un estudio de los textos y pensamientos de los primeros líderes sionistas muestra que en 1948 ese crimen era ya inevitable. El objetivo del sionismo no había cambiado: pretendía hacerse cargo de tanto territorio de la Palestina sometida al Mandato como fuera posible y la eliminación de la mayoría de los pueblos y barrios urbanos palestinos del espacio destinado a albergar al futuro Estado judío. Su ejecución fue aún más sistemática e integral de lo previsto en el plan. En cuestión de siete meses, 531 aldeas fueron destruidas y once barrios urbanos vaciados. La expulsión masiva fue acompañada por masacres, violaciones y la reclusión de los varones mayores de diez años en campos de trabajo por periodos de más de un año[30].

La consecuencia política es que Israel es el único culpable de la creación del problema de los refugiados palestinos y solo a él incumbe la responsabilidad legal y moral de aquel hecho. La consecuencia legal es que, incluso aceptando las limitaciones, después de un periodo tan largo, para quienes cometieron aquel crimen contra la humanidad, el acto en sí mismo es un crimen por el que nadie rindió cuentas ante la justicia. La consecuencia moral es que el Estado judío nació del pecado –como muchos otros Estados, por supuesto–, pero ese pecado o crimen nunca ha sido

---

[29] US State Department, *Special Report on Ethnic Cleansing*, 10 de mayo de 1999.

[30] Detallé todo esto en *The Ethnic Cleansing of Palestine*, cit.

admitido. Peor aún, entre ciertos círculos israelíes se reconoce, pero al mismo tiempo se justifica plenamente, tanto entonces como hacia el futuro, como política contra los palestinos, donde quiera que estén. Ese crimen todavía se está cometiendo hoy.

Todas esas consecuencias fueron totalmente ignoradas por la elite política israelí, que aprendió en cambio una lección muy diferente de los eventos de 1948: que se puede, como Estado, expulsar a la mitad de la población de un país y destruir la mitad de sus pueblos con impunidad. Las consecuencias de tal lección, inmediatamente después de 1948 y más allá, eran inevitables: la prolongación de la política de limpieza étnica por otros medios. Son bien conocidos los hitos en este proceso: la expulsión del territorio propiamente israelí de más aldeanos entre 1948 y 1956; la transferencia forzada de 300.000 palestinos de Cisjordania y la Franja de Gaza durante la guerra de 1967; y una limpieza muy medida, pero constante, de los palestinos del Gran Área de Jerusalén, calculada en más de 250.000 para el año 2000[31].

Después de 1948, la política de limpieza étnica adoptó muchas formas. En varios lugares de los territorios ocupados y dentro de Israel, la política de expulsión fue reemplazada por la prohibición de que las personas salgan de sus pueblos o vecindarios. Recluir a los palestinos donde vivían servía al mismo propósito que expulsarlos. Cuando están sitiados en enclaves, como las áreas cisjordanas designadas como A, B y C en el Acuerdo de Oslo, o en aldeas y barrios de Jerusalén que se han declarado parte de Cisjordania, o en el gueto de Gaza, no cuentan demográficamente en ninguno de censos oficiales o informales, que es lo que importa más que cualquier otra cosa a los regidores de la política israelí.

Mientras las plenas consecuencias de las medidas de limpieza étnica del pasado y presente de Israel no sean reconocidas y

[31] La expulsión de los palestinos hasta 1996 se analiza en Nur Maslha, *A Land without People, Israel, Transfer and the Palestinians, 1949-1996*, Londres, 1997. Sobre la expulsión de Cisjordania y la Franja de Gaza, véase Gideon Levy, «Ethnic Cleansing of Palestinians or Democratic Israel at Work», *Ha'aretz*, 12 de mayo de 2011.

abordadas por la comunidad internacional, no habrá solución para el conflicto entre israelíes y palestinos. Ignorar el problema de los refugiados palestinos socavará repetidamente cualquier intento de reconciliar a las dos partes contendientes. Por eso es tan importante reconocer los eventos de 1948 como una operación de limpieza étnica, a fin de garantizar que una solución política no eluda la raíz del conflicto; a saber, la expulsión de los palestinos. Tales elusiones en el pasado son la razón principal del colapso de todos los acuerdos de paz anteriores.

Si las lecciones legales no se aprenden, siempre habrá deseos de represalias y emociones vengativas en el lado palestino. El reconocimiento legal de la Nakba de 1948 como un acto de limpieza étnica abriría la vía para algún tipo de restitución, en un proceso parecido al que ha tenido lugar recientemente en Sudáfrica. El reconocimiento de los males del pasado no tiene como finalidad llevar a los criminales ante la justicia, sino más bien poner al crimen mismo bajo la atención y el juicio público. El fallo no será penal, no habrá castigo, sino restitución: las víctimas recibirán una compensación. La más razonable para el caso particular de los refugiados palestinos ya fue claramente declarada en diciembre de 1948 por la Asamblea General de las Naciones Unidas en su Resolución 194: el retorno incondicional de los refugiados y sus familias a su tierra natal (y a sus hogares donde sea posible). Sin esa restitución, el Estado de Israel seguirá existiendo como un enclave hostil en el corazón del mundo árabe, el último recordatorio de un pasado colonialista que complica la relación de Israel, no solo con los palestinos, sino también con el mundo árabe en su conjunto.

Sin embargo, es importante señalar que hay judíos en Israel que han aprendido todas estas lecciones. No todos los judíos son indiferentes o ignorantes con respecto a la Nakba. Puede que actualmente se trate de una pequeña minoría, pero deja sentir su presencia, lo que demuestra que al menos algunos ciudadanos judíos no son sordos a los gritos, el dolor y la devastación de los asesinados, violados o heridos a lo largo de 1948. Han oído hablar de los miles de ciudadanos palestinos arrestados y encarcelados en la década de 1950 y reconocen la masacre de Kafr Qasim en 1956, cuando ciudadanos inermes fueron asesinados por el ejército simplemente porque eran palestinos. Conocen los crímenes de guerra cometidos durante la guerra de 1967 y el bombardeo cruel de los campos de refugiados en 1982. No han olvidado el abuso físico infligido a la juventud palestina en los territorios ocupados en la década de 1980 y posteriormente. Esos judíos israelíes no son sordos y aún pueden oír hoy las voces de los militares ordenando la ejecución de personas inocentes y la risa de los soldados que aguardan mirando.

Tampoco están ciegos. Han visto los restos de las 531 aldeas destruidas y los barrios en ruinas. Ven lo que todos los israelíes pueden ver, aunque la mayoría prefieran no hacerlo: los restos de las aldeas bajo las casas de los *kibbutzim* y bajo los pinos plantados por el Fondo Nacional Judío. No han olvidado lo que sucedió aunque la mayoría de sus compatriotas lo hayan hecho. Quizá por eso entienden perfectamente la conexión entre la limpieza étnica de 1948 y los acontecimientos posteriores hasta el presente. Reconocen el vínculo entre los héroes de la guerra de independencia de Israel y los que ordenaron la cruel supresión de las dos intifadas. Nunca tuvieron a Yitzhak Rabin o Ariel Sharon por héroes de la paz. También se niegan a ignorar la conexión obvia entre la construcción del muro y la política general de limpieza étnica. Las expulsiones de 1948 y la reclusión de personas tras los muros de hoy son las consecuencias inevitables de la misma ideología étnica racista. Tampoco pueden dejar de reconocer el vínculo entre la crueldad inhumana infligida en Gaza desde 2006 y esas políticas y prácticas anteriores. Tal inhumanidad no ha nacido en el vacío; tiene una historia y una infraestructura ideológica que la justifica.

Dado que la dirección política palestina ha descuidado ese aspecto del conflicto, es la sociedad civil palestina la que está liderando el esfuerzo por reubicar los acontecimientos de 1948 en el centro de la agenda nacional. Dentro y fuera de Israel, ONGs palestinas como BADIL, ADRID y Al-Awda están coordinando sus esfuerzos para preservar la memoria de 1948 y explican por qué es crucial comprometerse con los acontecimientos de aquel año en aras del futuro.

CAPÍTULO VI

La guerra de junio de 1967 fue «imposible de evitar»

En junio de 1982, tras el ataque armado de Israel al Líbano, se debatió mucho sobre el anuncio oficial de que el país «no tenía otra alternativa» que seguir aquella opción violenta. En aquel momento la opinión pública israelí estaba dividida entre quienes consideraban necesaria y justificada la campaña militar y quienes dudaban de su validez moral. En su argumentación, ambos bandos tomaban como punto de referencia la guerra de 1967, señalando aquel conflicto anterior como ejemplo irrecusable de guerra «imposible de evitar». Pero eso no es más que un mito[1].

Según ese relato generalmente asumido, la guerra de 1967 obligó a Israel a ocupar Cisjordania y la Franja de Gaza y mantenerlas bajo custodia hasta que el mundo árabe, o los palestinos, estuvieran dispuestos a hacer las paces con el Estado judío. Así es como surgió otro mito, que examinaré en un capítulo posterior, en concreto que los líderes palestinos son intransigentes y que por tanto la paz es imposible. Ese argumento genera así la impresión de que la ocupación israelí es temporal: esos territorios tienen que permanecer bajo custodia a la espera de una posición palestina más «razonable».

Para reevaluar la guerra de 1967, primero debemos volver a la guerra de 1948. La elite política y militar israelí consideraba esta última como una oportunidad perdida: un momento histórico en el que Israel podría y debería haber ocupado toda la Palestina histórica, desde el río Jordán al mar Mediterráneo. La única razón por la que no lo hizo fue debido al acuerdo que tenía con la vecina Jordania, negociado durante los últimos días del

[1] No todos están de acuerdo con esto. Véase Avi Shlaim, *Israel and Palestine: Reprisals, Revisions, Refutations*, Nueva York y Londres, Verso, 2010.

Mandato Británico, y que sirvió para limitar la participación militar del ejército jordano en el bando árabe durante la guerra de 1948. A cambio se le permitió a Jordania anexarse áreas de Palestina que se convirtieron en Cisjordania. David Ben-Gurion, quien mantuvo en vigor el acuerdo anterior a 1948, llamó *bechiya ledorot* esa decisión de permitir que Jordania se apoderara de Cisjordania, lo que literalmente significa que las generaciones futuras la lamentarían. Una traducción más metafórica podría ser la de «un error histórico fatal»[2].

Desde 1948 importantes sectores de las elites cultural, militar y política judías venían buscando una oportunidad para rectificar ese error. Desde mediados de la década de 1960 planearon cuidadosamente cómo crear un Israel mayor que incluyera Cisjordania[3]. Hubo varias coyunturas históricas en las que estuvieron a punto de ejecutar el plan pero retrocedieron en el último momento. Las más famosas son 1958 y 1960, cuando David Ben-Gurion abortó la ejecución del plan debido al temor a la reacción internacional en primer lugar, pero también por razones demográficas (calculando que Israel no podría incorporar a un número tan grande de palestinos). La mejor oportunidad se produjo con la guerra de 1967. En este capítulo exploraré más adelante los orígenes de esa guerra, argumentando que sea cual sea la explicación histórica de sus causas, conviene examinar de cerca el papel de Jordania en ella. ¿Fue, por ejemplo, necesario ocupar y retener Cisjordania para prolongar la relación relativamente buena que Israel mantenía con Jordania desde 1948? Si la respuesta es no, como yo creo, entonces surge la pregunta de por qué Israel llevó adelante el plan y qué nos dice eso sobre la posibilidad de que Israel abandone Cisjordania en algún momento

---

[2] Shlaim, *Collusion Across the Jordan: King Abdullah, the Zionist Movement and the Partition of Palestine*, cit.

[3] Para más información sobre este *lobby* y su trabajo, véanse Tom Segev, *1967: Israel and the War That Transformed the Middle East*, New York, Holt and Company, 2008, e Ilan Pappé, «The Junior Partner: Israel's Role in the 1958 Crisis», en Roger Louis y Roger Owen (eds.), *A Revolutionary Year: The Middle East in 1958*, Londres y Nueva York, IB Tauris 2002, pp. 245-274.

futuro. Incluso si, como dice la mitología oficial israelí, Cisjordania fue ocupada como represalia por la agresión jordana del 5 de junio de 1967, la pregunta sigue siendo por qué Israel retuvo Cisjordania después de que esa amenaza se hubiera disipado. Después de todo, hay muchos ejemplos de acciones militares agresivas que no acabaron con una expansión territorial del Estado de Israel. Como intentaré mostrar en este capítulo, incorporar Cisjordania y la Franja de Gaza dentro de Israel había sido el plan desde 1948, aunque no se llevara a la práctica hasta 1967.

¿Fue inevitable la guerra de 1967? Podemos comenzar nuestra respuesta en 1958, el año que suele calificarse en la literatura académica sobre el Oriente Medio moderno como el año revolucionario, cuando las ideas progresistas y radicales que llevaron al poder en El Cairo a los Oficiales Libres egipcios comenzaron a ejercer influencia en todo el mundo árabe. Esa tendencia fue apoyada por la Unión Soviética y casi inevitablemente cuestionada por Estados Unidos. Aquel «despliegue» de la Guerra Fría en Oriente Medio abrió oportunidades para los israelíes que buscaban un pretexto para corregir el «error histórico fatal» de 1948, impulsados por un poderoso *lobby* dentro del gobierno y el ejército israelí, liderado por los héroes de la guerra de 1948, Moshe Dayan y Yigal Alon. Cuando en Occidente se dispararon las alarmas que apuntaban a que el «radicalismo» surgido en Egipto podía contagiar a otros países, incluida Jordania, ese lobby recomendó que el primer ministro Ben-Gurion se acercara a la OTAN para promover la idea de un golpe preventivo israelí en Cisjordania[4].

Este escenario se hizo aún más plausible después de que Iraq cayó en las manos de militares progresistas e incluso radicales. El 14 de julio de 1958, un grupo de oficiales iraquíes dieron un golpe militar que derrocó a la dinastía hachemita, a la que los británicos habían entregado el poder en 1921 para mantener a Iraq dentro de la esfera de influencia occidental. La recesión económica, el nacionalismo y las fuertes conexiones con Egipto y la URSS provocaron un movimiento de protesta que llevó al

[4] Pappé, «The Junior Partner», cit.

poder a esos oficiales, liderados por un grupo que también había decidido autodenominarse de Oficiales Libres encabezado por Abd al-Karim Qasim. Emulando al grupo que había derrocado a la monarquía en Egipto seis años antes, la sustituyó por la república en Iraq.

En aquel momento se temía en Occidente que también el Líbano pudiera caer en manos de un gobierno revolucionario. La OTAN decidió adelantarse a este escenario enviando a sus propias fuerzas (infantes de marina estadounidenses al Líbano y fuerzas especiales británicas a Jordania). No había necesidad, ni deseo, de involucrar a Israel en aquel episodio de la Guerra Fría en el mundo árabe[5]. Cuando el gobierno israelí expresó su deseo de «salvar» al menos Cisjordania, fue rechazado por Washington. Parece, sin embargo, que Ben-Gurion no estaba muy descontento de ser apartado en aquel momento. No tenía ningún deseo de socavar los logros demográficos de 1948 ni quería cambiar el equilibrio entre judíos y árabes en un nuevo Israel «mayor» al incorporar a los palestinos que vivían en Cisjordania[6]. En su diario anotó que había explicado a sus ministros que ocupar Cisjordania constituiría un grave peligro demográfico: «Les advertí sobre el peligro de incorporar a un millón de árabes a un Estado cuya población está entre uno y tres cuartos de millón»[7]. Por esa misma razón se adelantó a otro intento del *lobby* más agresivo de explotar una nueva crisis dos años más tarde, en 1960. Mientras Ben-Gurion estuvo en el poder, el *lobby*, tan brillantemente descrito en el libro de Tom Segev de 1967, no se saldría con la suya. En 1960, sin embargo, fue ya mucho más difícil ponerle freno. De hecho, aquel año estaban ya presentes todos los ingredientes que marcarían la crisis de 1967 y que apuntaban a la misma amenaza de llevar a la guerra. Aun así, esta se evitó, o al menos se retrasó.

En 1960, el primer actor importante en la escena era el presidente egipcio, Gamal Abdel Nasser, quien llevaba a la práctica

---

[5] *Ibid.*

[6] *Ibid.*

[7] Archivo de Ben-Gurion, *Diario*, 19 de agosto de 1958.

una política de riesgo calculado, como lo haría seis años después. Nasser intensificó la guerra retórica contra Israel, amenazando con desplazar tropas a la desmilitarizada Península del Sinaí y bloquear el paso de barcos a la ciudad meridional de Eilat. Sus motivos para hacerlo eran los mismos en 1960 que en 1967. Temía que Israel atacara Siria, que entre 1958 y 1962 mantuvo una unión formal con Egipto llamada República Árabe Unida. Aunque Israel y Siria habían concluido un acuerdo de armisticio en el verano de 1949, había bastantes asuntos sin resolver, entre ellos algunos territorios calificados como «tierra de nadie» por la ONU, que ambos codiciaban. De vez en cuando Israel alentaba a los miembros de los *kibbutzim* y asentamientos adyacentes a esas tierras a entrar en ellas y cultivarlas, sabiendo muy bien que eso desencadenaría una respuesta siria desde los Altos del Golán. Esto fue exactamente lo que sucedió en 1960, siguiéndole un ciclo predecible de toma y daca: la fuerza aérea israelí lo aprovechó para ganar experiencia bélica real y demostrar su supremacía sobre los aviones rusos empleados por la fuerza aérea siria. Después de las batallas aéreas se produjeron intercambios de artillería, se presentaron quejas al comité de armisticio y reinó una inquieta calma hasta que volvió a estallar la violencia en toda su crudeza[8].

Una segunda fuente de fricción entre Israel y Siria se refería a la construcción israelí de un sistema nacional de distribución de agua (ese es el nombre oficial israelí para un gran proyecto que incluye viaductos, tuberías y canales) entre el estuario del río Jordán y el sur del Estado. Las obras del proyecto comenzaron en 1953 e incluían la extracción de algunos recursos hídricos que se necesitaban desesperadamente tanto en Siria como en el Líbano. Como respuesta, los líderes sirios lograron convencer a sus aliados egipcios de la RAU de que Israel podría lanzar una campaña militar sin cuartel contra Siria para asegurar los estratégicos Altos del Golán y las fuentes del río Jordán.

[8] Para una versión muy honesta de esos acontecimientos, véase David Shaham, *Israel: Los Primeros Cuarenta Años*, Tel Aviv, Am Oved 1991, pp. 239-47 (en hebreo) .

Nasser tenía otro motivo para inclinar el precario equilibrio en torno a la Palestina histórica. Quería romper la parálisis diplomática de la época y desafiar la indiferencia global ante la cuestión palestina. Como mostró Avi Shlaim en su libro *The Iron Wall*, Nasser creyó que era posible encontrar una salida al estancamiento cuando negoció con Moshe Sharett, el ministro de Asuntos Exteriores de Israel y primer ministro durante un breve periodo a mediados de la década de 1950[9]. Sin embargo, Nasser entendió que el poder seguía en manos de Ben-Gurion y una vez que este último regresó al puesto de primer ministro en noviembre de 1955, había pocas esperanzas de avanzar en la paz entre los dos Estados.

Mientras se llevaban a cabo esas negociaciones, las dos partes discutieron la posibilidad de un corredor para Egipto en el Néguev a cambio de salir del punto muerto. Esa idea no se desarrolló más y no tenemos manera de saber si habría conducido a un tratado de paz bilateral. Lo que sí sabemos es que había pocas posibilidades de un acuerdo bilateral de paz entre Israel y Egipto mientras Ben-Gurion fuera el primer ministro de Israel. Incluso durante los casi dos años en que dejó de serlo, aprovechó sus conexiones con el ejército para inducir a sus mandos a lanzar varias operaciones militares contra las fuerzas egipcias en la Franja de Gaza mientras se llevaban a cabo esas negociaciones, pretextando la infiltración de refugiados palestinos de la Franja en Israel, que poco a poco se fueron militarizando y acabaron por constituir una auténtica guerra de guerrillas contra el Estado judío. Israel reaccionó destruyendo las bases egipcias y matando a sus soldados[10].

Los esfuerzos de paz acabaron definitivamente una vez que Ben-Gurion regresó al poder y se unió a Gran Bretaña y Francia en una alianza militar destinada a derrocar a Nasser en 1956. No es de extrañar que, cuatro años después, mientras consideraba la posibilidad de una guerra contra Israel, la entendiera como un movimiento preventivo para salvar su régimen de un posible ataque anglo-francés-israelí. Así, en 1960, cuando aumentó la ten-

---

9 Véase Shalim, *The Iron Wall*, cit., pp. 95-142.

10 Pappé, «The Junior Partner», cit., pp. 251-252.

sión en la frontera entre Israel y Siria sin que se produjera ningún avance en el frente diplomático, Nasser puso en práctica una nueva estrategia, que antes he llamado «de riesgo calculado». Su objetivo era poner a prueba constantemente los límites de esa posibilidad, en concreto examinar hasta qué punto los preparativos y las amenazas militares podían cambiar la realidad política, sin llegar a la guerra. El éxito de esa política «de riesgo calculado» depende no solo de la persona que la pone en marcha sino también de las respuestas imprevisibles de aquellos contra quienes se dirige. Y ahí es donde puede fracasar lamentablemente, como sucedió en 1967.

Nasser puso en práctica esa estrategia por primera vez en 1960 y la repitió parecidamente en 1967. Envió fuerzas a la Península del Sinaí, que se suponía era una zona desmilitarizada según el acuerdo que puso fin a la guerra de 1956. El gobierno israelí y la ONU actuaron muy sensatamente en 1960 ante aquella amenaza. El secretario general de la ONU, Dag Hammarskjöld, exigió la retirada inmediata de las fuerzas egipcias. El gobierno israelí llamó a sus reservistas pero envió un claro mensaje de que no deseaba comenzar una guerra[11].

En vísperas de la guerra de 1967, todos esos factores jugaron un papel en el estallido de la violencia, aunque dos personalidades ya no estaban presentes: David Ben-Gurion y Dag Hammarskjöld. Ben-Gurion había abandonado la escena política en 1963. Paradójicamente, hasta después de su partida no pudo dar su siguiente paso el *lobby* del Gran Israel. Hasta entonces, la obsesión demográfica de Ben-Gurion había impedido el sometimiento de Cisjordania, pero también había dado lugar al dominio militar, ahora familiar, que Israel había impuesto a diferentes grupos palestinos. Las rivalidades políticas y el cambio de gobierno en Israel tras las elecciones de noviembre de 1965 permitieron que el aparato militar controlara tanto Cisjordania como la Franja de Gaza antes de que estallara la guerra en junio de 1967. El dominio

[11] Ami Gluska, *The Israeli Military and the Origins of the 1967 War: Government, Armed Forces and Defence Policy, 1963-1967*, Londres y Nueva York, Routledge 2007, pp. 121-122.

militar que Israel impuso a la minoría palestina en 1948 se basaba en las reglamentaciones de emergencia del ejército británico, que trataba a la población civil como un grupo posiblemente hostil, privándola por tanto de sus derechos civiles básicos. En las zonas mayoritariamente palestinas se instalaron gobernadores militares con autoridad ejecutiva, judicial y legislativa y en 1966 el poder real funcionaba ya como una máquina bien engrasada, con cientos de funcionarios que servirían como núcleo para el régimen similar que se iba a imponer en Cisjordania y la Franja de Gaza.

Y así, la administración militar, que había sido abolida en 1966, pocos años después de que Ben-Gurion dejara el poder, fue transferida a Cisjordania y la Franja de Gaza en 1967. Un grupo de expertos israelíes del ejército, la administración pública y las universidades comenzaron a planificar esta transición ya en 1963 y desarrollaron un plan detallado para su implementación tan pronto como surgió la oportunidad, que llegó en 1967[12]. Esto le dio poder absoluto al ejército en todas las esferas. La oportunidad para trasladar ese aparato de un grupo palestino (la minoría palestina en Israel) a otro (los palestinos de Cisjordania y la Franja de Gaza) llegó en 1967, cuando Nasser se sintió alentado en su política «de riesgo calculado» por la Unión Soviética, que creía firmemente en los últimos días de 1966 que un ataque israelí contra Siria era inminente[13]. En el verano de aquel año un nuevo grupo de activistas e ideólogos (conocido como el nuevo «Ba'ath») había organizado un golpe militar haciéndose con las riendas del Estado sirio. Uno de los primeros actos del nuevo régimen fue oponerse más firmemente a los planes israelíes de explotar las aguas del río Jordán y sus estuarios. Comenzó a construir su propio sistema nacional de distribución de agua y a desviar el río para

---

[12] He examinado esto con detalle en Ilan Pappé, «Revisiting 1967: The False Paradigm of Peace, Partition and Parity», *Settler Colonial Studies*, 3: 3-4 (2013), pp. 341-351.

[13] Norman Finkelstein, siguiendo su habitual proceder, toma la narración oficial de Israel, representada por uno de sus mejores portavoces, Abba Eban, y la desmonta. Véase su *Image and Reality of the Israel-Palestine Conflict*, Londres y Nueva York, Verso, 2003, pp. 135-45 [ed. cast.: *Imagen y realidad del conflicto palestino-israelí*, Madrid, Akal, 2003].

sus propias necesidades. El ejército israelí bombardeó el nuevo proyecto, lo que provocó frecuentes enfrentamientos, cada vez más intensos, entre las dos fuerzas aéreas. El nuevo régimen sirio también favoreció el movimiento de liberación nacional palestino recién formado, lo que a su vez alentó a Fatah a organizar una guerra de guerrillas contra Israel en los Altos del Golán, utilizando Líbano como plataforma de lanzamiento para los ataques, lo que aumentó la tensión entre los dos Estados.

Parece que hasta abril de 1967 Nasser todavía esperaba que su histrionismo bastara para forzar un cambio en el *statu quo* sin recurrir a la guerra. En noviembre de 1966 firmó una alianza defensiva con Siria, declarando su intención de acudir en su ayuda si Israel la atacaba. Sin embargo, el deterioro en la frontera sirio-israelí alcanzó un nuevo máximo en abril de 1967. Israel organizó un ataque militar contra las fuerzas sirias en los Altos del Golán que, según el entonces jefe del Estado Mayor del ejército israelí, Yitzhak Rabin, «debía humillar a Siria»[14]. En aquel momento parecía que Israel estaba haciendo todo lo posible para empujar al mundo árabe a la guerra. Nasser se sintió entonces obligado a repetir su estratagema de 1960: enviar tropas a la península del Sinaí y cerrar el estrecho de Tiran, un pasaje que conectaba el Golfo de Aqaba con el Mar Rojo y por lo tanto podía detener, o dificultar, el tráfico marítimo hacia y desde el puerto más meridional de Israel, Eilat. Como en 1960, Nasser esperó a ver cómo reaccionaba la ONU. Ya en 1960, Dag Hammarskjöld no se sintió impresionado y no había retirado a las tropas de la ONU estacionadas allí desde 1956. El nuevo secretario general, U Thant, era menos resuelto y retiró las fuerzas de la ONU cuando las tropas egipcias entraron en la Península. Esto tuvo el efecto de intensificar aún más la tensión.

Sin embargo, el factor más importante en la carrera hacia la guerra fue la ausencia de una réplica autorizada al belicismo del

[14] De una entrevista dada por Rabin el 12 de mayo de 1967 al servicio de noticias de UPI, en la que amenazó además con derrocar al régimen sirio. Véase Jeremy Bowen, *Six Days: How the 1967 War Shaped the Middle East*, Londres, Simon and Schuster UK, 2004, pp. 32-33.

gobierno israelí en aquel momento. Esto podría haber causado cierta fricción interna retrasando el ansia de conflicto de los halcones y permitiendo a la comunidad internacional buscar una solución pacífica. El esfuerzo diplomático iniciado por Estados Unidos estaba todavía en sus primeras fases cuando Israel lanzó su ataque contra todos sus vecinos árabes el 5 de junio de 1967. En el gabinete israelí no había ni la menor intención de proporcionar el tiempo necesario a los agentes de paz. Era una oportunidad de oro que no se podía dejar pasar.

En cruciales reuniones del gabinete israelí antes de la guerra, Abba Eban preguntó a los jefes de gabinete y sus colegas cuál era la diferencia entre la crisis de 1960 y la de 1967, ya que pensaba que la última podría haberse resuelto de la misma manera[15]. Es «una cuestión de honor y disuasión» fue la respuesta. Eban respondió que perder soldados jóvenes solo por el bien del honor y la disuasión era un precio humano demasiado alto. Sospecho que se le dijeron otras cosas que no se han registrado en las minutas, probablemente sobre su necesidad de entender que era una oportunidad histórica de corregir el «error histórico fatal» de no ocupar Cisjordania en 1948.

La guerra comenzó a primera hora de la mañana del 5 de junio con un ataque israelí contra la fuerza aérea egipcia que casi la destruyó. Fue seguido aquel mismo día por ataques similares contra las fuerzas aéreas de Siria, Jordania e Iraq. Las fuerzas israelíes también invadieron la Franja de Gaza y la península del Sinaí y en los días siguientes llegaron al Canal de Suez, ocupando la totalidad de la península. El ataque a la fuerza aérea jordana provocó la captura jordana de una pequeña zona de la ONU entre las dos partes de Jerusalén. Al cabo de tres días, después de un combate feroz, el ejército israelí había capturado Jerusalén Este (el 7 de junio), y dos días después expulsó al ejército jordano fuera de Cisjordania.

El 7 de junio, el gobierno israelí aún no estaba seguro de abrir un nuevo frente contra Siria en los Altos del Golán, pero los notables éxitos en el otro frente convencieron a los políticos para dar la señal al ejército para ocuparlos. Para el 11 de junio, Israel se había

[15] *Ibid.*

convertido en un mini-imperio, controlando los Altos del Golán, Cisjordania, la Franja de Gaza y la Península del Sinaí. En este capítulo me centraré en la decisión israelí de ocupar Cisjordania.

En vísperas de la guerra, Jordania había firmado una alianza militar con Egipto y Siria por el que, en el momento en que Israel atacó Egipto, Jordania se vio obligada a entrar en guerra. A pesar de este compromiso, el rey Hussein envió mensajes claros a Israel de que si la guerra comenzaba tendría que hacer algo, pero que sería una guerra corta y en absoluto real (una posición muy similar a la de su abuelo en 1948). En la práctica, la participación jordana fue más que simbólica. Incluía un fuerte bombardeo de Jerusalén Oeste y los suburbios del este de Tel Aviv. Sin embargo, es importante observar el motivo frente al que reaccionaba Jordania: su fuerza aérea había sido totalmente destruida por Israel un par de horas antes, al mediodía del 5 de junio. El rey Hussein se sintió obligado a reaccionar con más fuerza de lo que probablemente pretendía.

El problema era que el ejército no estaba bajo su control, sino bajo el mando de un general egipcio. El relato común de estos eventos se basa en las propias memorias de Hussein y en las de Dean Rusk, el secretario de Estado estadounidense en aquel momento. De acuerdo con esa narración, Israel envió un mensaje conciliatorio a Hussein instándolo a mantenerse fuera de la guerra (a pesar de que había destruido la fuerza aérea jordana). El primer día Israel todavía estaba dispuesto a no ir demasiado lejos en su asalto a Jordania, pero la reacción de este último a la destrucción de su fuerza aérea indujo a Israel a una operación más amplia durante el segundo día. Hussein escribió en sus memorias que no dejaba de esperar que alguien detuviera aquella locura, ya que no podía desobedecer a los egipcios ni arriesgarse a una guerra. En el segundo día instó a los israelíes a calmarse y sólo entonces, según esa narración, procedió Israel a ampliar su operación[10].

[10] See Avi Shlaim, «Walking the Tight Rope», en Avi Shlaim y Wm. Roger Louis (eds.), *The 1967 Arab-Israeli War: Origins and Consequences*, Cambridge, Cambridge University Press, 2012, p. 114.

Hay dos problemas en esa narrativa. ¿Cómo puede conjugarse la destrucción de la fuerza aérea jordana con el envío de un mensaje conciliatorio? Y lo más importante, aun si Israel todavía dudaba sobre su política hacia Jordania durante el primer día de guerra, está claro, incluso desde esta narrativa, que al día siguiente ya no deseaba darle ningún respiro a Jordania. Como ha señalado acertadamente Norman Finkelstein, si se quería destruir lo que quedaba del ejército jordano y mantener la relación con el único país árabe país amistoso hacia Israel, una operación corta en Cisjordania, sin ocuparla, habría bastado[17]. El historiador israelí Moshe Shemesh ha examinado las fuentes jordanas y ha concluido que, después del ataque israelí contra la aldea palestina de Samua en noviembre de 1966, en un intento de desmantelar las guerrillas palestinas, el alto mando jordano estaba convencido de que Israel tenía la intención de ocupar Cisjordania por la fuerza[18]. No estaba equivocado.

Esto no ocurrió como se temía en 1966, sino un año después. La totalidad de la sociedad israelí se galvanizó en torno al proyecto mesiánico de «liberar» los lugares santos del judaísmo, con Jerusalén como la joya de la nueva corona del Gran Israel. Sionistas de izquierda y de derecha, y partidarios de Israel en Occidente, quedaron igualmente atrapados e hipnotizados por aquella histeria eufórica. Además, no había intención de abandonar Cisjordania y la Franja de Gaza inmediatamente después de su ocupación; de hecho, no había ningún deseo de abandonarlas en absoluto. Esto debería servir como nueva prueba de la responsabilidad israelí del deterioro final de la crisis de mayo de 1967 hasta convertirla en una guerra en toda regla.

La importancia de aquella coyuntura histórica para Israel se puede constatar a partir de la forma en que el gobierno soportó la fuerte presión internacional para que se retirara de todos los territorios ocupados en 1967, como exigía la famosa Resolución 242 del Consejo de Seguridad de la ONU poco después de terminada

[17] Finkelstein, *Image and Reality*, cit., pp. 125-135.

[18] Moshe Shemesh, *Arab Politics, Palestinian Nationalism and the Six Day War*, Brighton, Sussex Academic Press, 2008, p. 117.

la guerra. Como saben probablemente los lectores, una resolución del Consejo de Seguridad es más vinculante que una resolución de la Asamblea General. Y esta fue una de las pocas resoluciones del Consejo de Seguridad que criticaron a Israel sin ser vetada por Estados Unidos.

A estas alturas tenemos acceso a las actas de una reunión del gobierno israelí en los primeros días después de la ocupación. Se trataba del decimotercer gobierno de Israel y su composición es muy relevante para el argumento que estoy presentando aquí. Era un gobierno de unidad como no se había visto antes, ni se vería después, en Israel. Todas las variantes del espectro político sionista y judío, incluido el Partido Comunista, estaban representadas en él, desde la izquierda, como el partido socialista Mapam, hasta la derecha como el Herut de Menachem Begin, además de los partidos liberales y religiosos. Las actas transmiten la sensación de que todos aquellos ministros sabían que representaban un amplio consenso de su propia sociedad, convicción reforzada por la atmósfera eufórica que empapaba Israel después del *blitzkrieg* triunfal que duró solo seis días. En ese contexto podemos entender mejor las decisiones que tomaron aquellos ministros inmediatamente después de la guerra.

Además, muchos de esos políticos llevaban esperando aquel momento desde 1948. Yo iría aún más lejos y diría que la toma de Cisjordania en particular, con sus antiguos lugares bíblicos, era un objetivo sionista desde antes de 1948 y correspondía plenamente a la lógica del proyecto sionista, lógica que puede resumirse como el deseo de apoderarse de la mayor cantidad posible de Palestina con el menor número posible de palestinos. El consenso, la euforia y el contexto histórico explican por qué ninguno de los posteriores gobiernos israelíes se ha desviado de las decisiones que tomaron aquellos ministros.

La primera decisión que tomaron fue que Israel no podría existir sin Cisjordania. Los métodos directos e indirectos para controlar la región fueron presentados por el ministro de Agricultura, Yigal Alon, cuando distinguió entre áreas donde podrían construirse asentamientos judíos y áreas demasiado pobladas por palestinos, que deberían ser gobernadas indirectamente[19]. Al cabo de pocos años Alon cambió de opinión sobre la cuestión del gobierno indirecto. Al principio esperaba que los jordanos tuvieran la tentación de ayudar a Israel a gobernar parte de Cisjordania (probablemente, aunque nunca lo expresaron explícitamente, manteniendo la ciudadanía y las leyes jordanas en las «áreas árabes» de Cisjordania). Sin embargo, una tibia respuesta jordana a ese plan lo inclinó hacia el autogobierno palestino en esas áreas como el mejor camino a seguir.

La segunda decisión fue que los habitantes de Cisjordania y la Franja de Gaza no serían incorporados al estado de Israel como ciudadanos. Eso no incluye a los palestinos que vivían en lo que Israel consideraba en aquella época como el área del nuevo «Gran Jerusalén», cuya definición, y la de los habitantes que en ella tendrían derecho a la ciudadanía israelí, fue cambiando a medida que iba aumentando de tamaño. Cuanto mayor era la Gran Jerusalén, mayor era el número de palestinos en ella. Hoy día hay 200.000 palestinos dentro de lo que se define como el área del Gran Jerusalén. Para asegurarse de que no todos fueran reconocidos como ciudadanos israelíes, se declaró que algunos de sus barrios eran aldeas de Cisjordania[20]. Estaba claro para el gobierno que al negarles la ciudadanía por un lado y no permitirles la independencia por otro, condenaba a los habitantes de Cisjordania y la Franja de Gaza a una vida sin derechos civiles y humanos básicos.

La siguiente pregunta era por tanto durante cuánto tiempo podría ocupar el ejército israelí las áreas palestinas. Al parecer, para la mayoría de los ministros la respuesta fue, y sigue siendo: durante mucho tiempo. Moshe Dayan, el ministro de Defensa, habló en una ocasión, por ejemplo, de un periodo de cincuenta y dos años[21]. Ahora estamos en el año quincuagésimo de la ocupación.

---

[19] Archivos del Estado de Israel, minutas de las reuniones del gobierno, 11 y 18 de junio de 1967.

[20] Valerie Zink, «A Quiet Transfer: The Judaization of Jerusalem», *Contemporary Arab Affairs*, 2:1 (2009), pp. 122-133.

[21] Archivos del Estado de Israel, minutas de las reuniones del gobierno, 26 de junio de 1967.

La tercera decisión estaba relacionada con el proceso de paz. Como mencioné anteriormente, la comunidad internacional esperaba que Israel devolviera el territorio que ocupaba a cambio de la paz. El gobierno israelí estaba dispuesto a negociar con Egipto sobre el futuro de la Península del Sinaí y con Siria sobre los Altos del Golán, pero no sobre la Ribera Occidental y la Franja de Gaza. Así lo dijo en una breve conferencia de prensa en 1967 el primer ministro de entonces, Levy Eshkol[22]. Pero sus colegas entendieron pronto que las declaraciones públicas de este tipo eran inútiles, por decirlo suavemente, por lo que esa posición estratégica nunca fue reconocida explícitamente de nuevo en público. Lo que sí tenemos son declaraciones claras de unos pocos individuos, entre ellos Dan Bavli, que formaba parte del equipo superior de funcionarios encargados de elaborar una estrategia política hacia Cisjordania y la Franja de Gaza. Retrospectivamente, Bavli informaba de que la falta de voluntad para negociar, especialmente con respecto a Cisjordania, subrayaba la política israelí en aquel momento (y yo agregaría: y siempre desde entonces)[23]. Bavil describió esa política como una «adición a la beligerancia y la miopía» que reemplazó cualquier búsqueda de una solución: «Los diversos gobiernos israelíes hablaron mucho sobre la paz, pero hicieron muy poco para lograrla»[24]. Lo que los israelíes pusieron allí en escena es lo que Noam Chomsky ha llamado «Un proceso hacia ninguna parte» y una «farsa completa»[25]. Entendieron que hablar de paz no significa la imposibilidad de establecer sobre el terreno hechos irreversibles que excluirán la idea misma de paz.

Los lectores pueden preguntarse, y con razón, si no había un campo o una posición sionista liberal que realmente buscara la paz. De hecho, la hubo, y tal vez todavía la haya, pero desde el

---

[22] *Haaretz*, 23 de junio de 1967.

[23] Dan Bavli, *Sueños y oportunidades perdidas 1967-1973*, Jerusalén, Carmel 2002 (en hebreo).

[24] *Ibid.*, p. 16.

[25] Noam Chomsky, *The Fateful Triangle, The United States, Israel and the Palestinians*, Boston, 1999, pp. 131 y ss.; «Chomsky: Why the Israel-Palestine "Negotiation" are a Complete Farce», *Alternet.org*, 2 de septiembre de 2013.

principio fue marginal y solo contó con el apoyo de una pequeña parte del electorado. En Israel las decisiones las toma un pequeño grupo de políticos, generales y estrategas que establecen la política a llevar, independientemente de los debates públicos. Además, la única forma de juzgar, al menos retrospectivamente, lo que podría ser la estrategia israelí, no es a través del discurso de los responsables políticos del Estado, sino en relación con sus acciones sobre el terreno. Por ejemplo, las declaraciones políticas del gobierno de unidad de 1967 podían diferir de las de los gobiernos laboristas que gobernaron Israel hasta 1977 y de las expresadas por los gobiernos del Likud que han gobernado Israel intermitentemente hasta el día de hoy (con la excepción de unos pocos años en los que el extinto partido Kadima vertebró los gobiernos de Sharon y Olmert en la primera década del siglo XXI); pero las acciones de cada uno de ellos han sido las mismas, permaneciendo leales a las tres decisiones estratégicas que se convirtieron en el catecismo del dogma sionista en Israel desde 1967.

La acción más crucial sobre el terreno fue la construcción de asentamientos judíos en Cisjordania y Gaza, junto con el compromiso de su expansión. El gobierno ubicó al principio esos asentamientos en la zona palestina menos densamente poblada de Cisjordania (desde 1968) y Gaza (desde 1969). Sin embargo, tal como lo describen de modo escalofriante Idith Zertal y Akiva Eldar en su brillante libro *The Lords of the Land*, los ministros y planificadores sucumbieron a la presión del movimiento mesiánico Gush Emunim y acabaron estableciendo colonos judíos en el corazón de núcleos palestinos[26].

Otra forma de juzgar cuáles han sido las verdaderas intenciones israelíes desde 1967 es contemplar el efecto de esas medidas desde el punto de vista de las víctimas palestinas. Después de la ocupación, los palestinos de Cisjordania y la Franja de Gaza quedaron confinados en un limbo imposible: no eran ni refugiados ni ciudadanos, eran, y siguen siendo, habitantes sin ciudada-

---

[26] Idith Zertal y Akiva Eldar, *The Lords of the Land: The War Over Israel's Settlements in the Occupied Territories, 1967-2007*, Nueva York, Nation Books, 2009.

nía. Eran reclusos, y en muchos aspectos aún lo siguen siendo, en una enorme prisión en la que no tienen derechos civiles ni humanos ni capacidad de modificar su futuro. El mundo tolera esta situación porque Israel afirma –sin que haya sido nunca cuestionado hasta hace poco– que es una situación temporal, que solo se mantendrá hasta que haya un interlocutor palestino adecuado para negociar la paz. No es sorprendente que tal interlocutor no se haya encontrado. Mientras escribo estas líneas, Israel sigue encarcelando a una tercera generación de palestinos por diversos medios y métodos, presentando esas mega-cárceles como realidades temporales que cambiarán una vez que la paz llegue a Israel y Palestina.

¿Qué pueden hacer los palestinos? El mensaje israelí es muy claro: si aceptan las expropiaciones de tierras, las severas restricciones al movimiento y la dura burocracia de la ocupación podrían obtener unos pocos beneficios: el derecho a trabajar en Israel, a reclamar cierta autonomía y, desde 1993, incluso el derecho a llamar Estado a algunas de esas regiones autónomas. Si por el contrario eligen el camino de la resistencia, como lo han hecho ocasionalmente, sentirán todo el poder del ejército israelí. El activista palestino Mazin Qumsiyeh ha contado catorce de esos levantamientos que han intentado romper los muros de esa mega-prisión; todos fueron respondidos brutalmente y, en el caso de Gaza, incluso de forma genocida[27].

Podemos ver así que la ocupación de Cisjordania y la Franja de Gaza representaba la finalización del trabajo iniciado en 1948. En aquel entonces el movimiento sionista se hizo cargo del 80% de Palestina, completando la tarea en 1967. El temor demográfico que aquejaba a Ben-Gurion –un Israel más grande sin mayoría judía–, se resolvió cínicamente encarcelando a la población de los territorios ocupados en una prisión de no ciudadanos. Esto no es solo una descripción histórica; en muchos sentidos sigue siendo la realidad en 2017.

---

[27] Mazin Qumsiyeh, *Popular Resistance in Palestine: A History of Hope and Empowerment*, Londres, Pluto Press, 2011.

SEGUNDA PARTE

Las falacias del presente

CAPÍTULO VII

Israel es la única democracia en Oriente Medio

A los ojos de muchos israelíes y de sus partidarios en todo el mundo –incluso de los que critican algunos de sus hechos–, Israel es, al fin y al cabo, un país democrático benigno, que desea la paz con sus vecinos y garantiza la igualdad a todos sus ciudadanos. Los que critican a Israel piensan que si algo salió mal en esa democracia fue debido a la guerra de 1967. Desde ese punto de vista, la guerra corrompió a una sociedad honesta y trabajadora ofreciendo dinero fácil en los territorios ocupados, permitiendo que grupos mesiánicos entraran en la política israelí y, por encima de todo, convirtieran a Israel en una entidad ocupante y opresiva en los nuevos territorios.

El mito de que un Israel democrático se metió en problemas en 1967, pero aun así siguió siendo una democracia, es propagado incluso por algunos notables palestinos y autores pro-palestinos, pero no tiene fundamento histórico. Antes de 1967 Israel no podía tampoco pretender que su vida y estructura política eran democráticas. Como hemos visto en capítulos anteriores, el Estado sometió a la quinta parte de su ciudadanía a un gobierno militar basado en las regulaciones de emergencia del Mandato Británico que negaban a los palestinos sus derechos humanos o civiles básicos. Los gobernadores militares locales eran tiranos absolutos para esos ciudadanos: podían imaginar leyes especiales para ellos, destruir sus casas y medios de vida, y enviarlos a la cárcel cada vez que lo deseaban. Hasta finales de la década de 1950 no surgió una fuerte oposición judía a esos abusos, que finalmente alivió la presión sobre los ciudadanos palestinos.

Para los palestinos que vivían en Israel antes de la guerra y para los que vivían en Cisjordania y la Franja de Gaza después de 1967, ese régimen permitía que hasta el soldado de menor rango de las Fuerzas de Defensa Israelíes pudiera condicionar y arruinar sus vidas. Estaban indefensos si aquellos soldados, o su unidad o comandante, decidían demoler sus hogares o mantenerlos durante horas en un puesto de control, o encarcelarlos sin juicio. No podían hacer nada al respecto[1]. En todo momento desde 1948 hasta hoy, había algún grupo de palestinos sometidos a tal experiencia El primer grupo que sufrió bajo tal yugo fue la minoría palestina dentro de Israel. Durante los dos primeros dos años de existencia del nuevo Estado fueron recluidos en guetos, como la comunidad palestina de Haifa en el monte Carmelo, o expulsados de las ciudades donde habían vivido durante décadas, como Safad. En el caso de Isdud toda la población fue expulsada a la Franja de Gaza[2]. En el campo, la situación era aún peor. Los diversos movimientos pro-*kibbutz* codiciaban los terrenos fértiles en los que se asentaban pequeñas poblaciones palestinas. Entre ellos cabe destacar el movimiento socialista Hashomer Hatzair [Guardia de la Juventud], supuestamente comprometido con la solidaridad binacional. Mucho después de que se hubiera calmado la «limpieza» de 1948, los aldeanos de Ghabsiyyeh, Iqrit, Birim, Qaidta, Zaytun y muchos otros fueron engañados por el ejército para que abandonaran sus hogares por un periodo de dos semanas, alegando unas maniobras de entrenamiento; cuando regresaron se encontraron con que sus aldeas tenían sido derruidas o repartidas entre pobladores judíos[3].

Aquel estado de terror militar tiene como ejemplo destacado la masacre de Kafr Qasim en octubre de 1956, cuando, en vísperas de la operación del Sinaí, cuarenta y nueve ciudadanos palestinos fueron asesinados por el ejército israelí. Las autoridades alegaron que volvían demasiado tarde a casa del trabajo en el campo, violando el toque de queda impuesto en la aldea.

---

[1] Se puede encontrar una descripción detallada de esa vida en Ilan Pappé, *The Forgotten Palestinians: A History of the Palestinians in Israel*, New Haven y Londres, Yale University Press, 2013, pp. 46-93 [ed. cast.: *Los palestinos olvidados*, Madrid, Akal, 2017].

[2] Morris, *The Birth of the Palestinian Refugee Problem Revisited*, cit., p. 471.

[3] Véase Pappé, *The Ethnic Cleansing of Palestine*, cit., pp. 181-187.

Sin embargo, esa no era la verdadera razón; pruebas posteriores demuestran que el ejército había planeado detalladamente la expulsión de los palestinos de toda el área llamada Wadi Ara y el Triángulo en el que se ubicaba el pueblo. Esas dos áreas –la primera un valle que conecta Afula en el este con Hadera, en la costa mediterránea; la segunda en la prolongación de los barrios más orientales de Jerusalén–, fueron anexionadas a Israel bajo los términos del acuerdo de armisticio de 1949 con Jordania. Como hemos visto, cualquier territorio adicional era siempre bienvenido por Israel, pero no un aumento de la población palestina. Por eso, en cada operación de expansión del Estado de Israel se idearon formas de impedir la permanencia de la población palestina que habitaba las áreas recientemente anexadas.

La operación Hafarfert [topo] era el nombre en clave de un conjunto de propuestas para la expulsión de los palestinos cuando estallara una nueva guerra con el mundo árabe. Muchos autores piensan hoy día que la masacre de 1956 fue una práctica fácil de observar cuando la gente del área podía ser intimidada e inducida a marcharse. En este caso los perpetradores de la masacre fueron llevados a juicio gracias a la diligencia y tenacidad de dos miembros de la Knéset: Tawfiq Tubi, del Partido Comunista, y Latif Dori, del partido sionista de izquierda Mapam. Sin embargo, los mandos responsables del área y la propia unidad que cometió el crimen fueron condenados a penas muy leves, en realidad a pequeñas multas[4]. Esto era una prueba más de que se permitía al ejército cometer asesinatos múltiples en los territorios ocupados.

La crueldad sistemática no muestra su cara únicamente en acontecimientos importantes como una matanza. Las peores atrocidades se pueden encontrar también en la presión diaria y mundana del régimen. Los palestinos que siguen viviendo en Israel todavía no hablan mucho sobre ese periodo anterior a 1967,

[4] Shira Robinson, «Local Struggle, National Struggle: Palestinian Responses to the Kafr Qasim Massacre and its Aftermath, 1956-66», *International Journal of Middle East Studies*, 35 (2003), pp. 393-416.

y los documentos de aquella época no muestran una imagen completa. Sorprendentemente, es en la poesía donde encontramos una indicación de cómo era vivir bajo el régimen militar. Natan Alterman fue uno de los poetas más famosos e importantes de su generación. Tenía una columna semanal, llamada «La Séptima Columna», en la que comentaba acontecimientos que había leído u oído. A veces omitía detalles sobre la fecha o incluso la ubicación del evento, pero le daba al lector la información suficiente para entender a qué se refería, expresándola a menudo en forma poética:

> La noticia apareció brevemente durante dos días, y luego [desapareció.
> Y a nadie parece importarle, y nadie parece saberlo.
> En la lejana aldea de Um al-Fahem,
> Niños –debería decir ciudadanos del Estado–, jugaban en el barro,
> y uno de ellos le pareció sospechoso a uno de nuestros valientes [soldados que le gritó: ¡Alto!
> Una orden es una orden
> Una orden es una orden, pero el atolondrado chico no le hizo caso,
> y salió corriendo. Nuestro valiente soldado disparó, no es para [menos.
> Y con su tiro mató al niño.
> Paro nadie habló del asunto[5].

En una ocasión escribió un poema sobre dos ciudadanos palestinos fusilados en Uadi Ara. En otra contó la historia de una mujer palestina muy enferma que fue expulsada sin explicación con sus dos hijos, de tres y seis años, y enviada al otro lado del Jordán. Cuando intentó regresar, ella y sus hijos fueron detenidos y recluidos en la cárcel de Nazareth. Alterman esperaba que su poema sobre la madre conmoviera los corazones y las mentes, o al menos suscitara alguna respuesta social. Sin embargo, una semana después escribió:

---

[5] Natan Alterman, «A Matter of No Importance», *Davar*, 7 de septiembre de 1951.

Y este escritor supuso erróneamente
que la historia sería negada o explicada,
pero nada, ni una palabra[6].

Hay muchas más pruebas de que Israel no era una democracia antes de 1967. El Estado siguió una política de disparar a matar hacia los refugiados que trataban de recuperar sus tierras, cultivos y ganado, y organizó una guerra colonial para derrocar el régimen de Nasser en Egipto. Sus fuerzas de seguridad también disparaban con facilidad, matando a más de cincuenta ciudadanos palestinos durante el periodo 1948-1967.

La piedra de toque de cualquier democracia es el nivel de tolerancia que está dispuesta a mostrar hacia las minorías que viven en ella. En este sentido, Israel no es una verdadera democracia. Por ejemplo, después de las nuevas ocupaciones territoriales, se promulgaron varias leyes para asegurar el predominio de la mayoría: las que rigen la ciudadanía, las leyes sobre la propiedad de la tierra y la más importante de todas, la ley del retorno. Esta última otorga automáticamente la ciudadanía a cualquier judío del mundo, sin importar donde viva o haya nacido. Esta ley en particular es muy antidemocrática, al venir acompañada por el rechazo total del derecho palestino de retorno, reconocido internacionalmente por la Resolución 194 de la Asamblea General de las Naciones Unidas en 1948. Ese rechazo niega a los ciudadanos palestinos de Israel la posibilidad de reagruparse con sus familiares inmediatos o con los que fueron expulsados en 1948. Negar a las personas el derecho de regresar a su tierra natal, al mismo tiempo que se ofrece este derecho a otros que no tienen ninguna conexión con ella, es un modelo de práctica antidemocrática.

A esto se agregó una nueva negación de los derechos del pueblo palestino. Casi todas las discriminaciones contra los ciudadanos palestinos de Israel se justifican por el hecho de que no sirven en el ejército[7]. La conexión entre los derechos democráticos

[6] Natan Alterman, «Two Security Measures», *The Seventh Column*, vol. 1, p. 291 (hebreo).

[7] Expuse una lista de esas discriminaciones en *The Forgotten Palestinians*, cit.

y los deberes militares se comprende mejor si revisamos aquellos años en que los responsables políticos israelíes trataban de decidir cómo se debía tratar a una quinta parte de la población. Partían de la suposición de que los ciudadanos palestinos no querrían unirse al ejército en ningún caso, y ese supuesto rechazo justificaría a su vez la discriminación en su contra. Esto fue puesto a prueba en 1954, cuando el Ministerio de Defensa israelí decidió convocar a los ciudadanos palestinos en condiciones de realizar el servicio militar obligatorio. El servicio secreto aseguró al gobierno que habría un rechazo generalizado de la convocatoria; pero para su sorpresa, todos los convocados acudieron a la oficina de reclutamiento con la bendición del Partido Comunista, que entonces era la fuerza política más importante e influyente en la comunidad. El servicio secreto explicó más tarde que la razón principal era el aburrimiento de los adolescentes en el campo y su deseo de acción y aventura[8].

Pese a aquel episodio, el Ministerio de Defensa siguió argumentando que la comunidad palestina no parecía dispuesta a servir en el ejército. Es cierto que al cabo de unos años se generalizó del rechazo de los palestinos al ejército israelí, que se había convertido en su opresor permanente, pero el aprovechamiento de este pretexto por parte del gobierno para negarles derechos civiles arroja serias dudas sobre la pretensión del Estado israelí de ser una democracia. Los derechos de un ciudadano palestino que no haya realizado el servicio militar a la protección del gobierno como trabajador, estudiante, padre o parte de una pareja, están muy limitados. Esto afecta en particular a la vivienda y también al empleo, al considerarse que el 70% de la industria israelí es sensible a la seguridad y por tanto resulta inaccesible para esos ciudadanos como eventual empleo[9].

La suposición subyacente del Ministerio de Defensa no solo era que los palestinos no desean servir en el ejército, sino que son potenciales enemigos internos en los que no se puede con-

---

[8] Véase Pappé, *The Forgotten Palestinians*, cit., p. 65.

[9] Véase el informe de Adalah, «An Anti-Human Rights Year for the Israeli Supreme Court», 10 de diciembre de 2015, en adalah.org.

fiar. El problema de ese argumento es que en todas las guerras importantes entre Israel y el mundo árabe, la minoría palestina no se comportó como se esperaba. No formó una quinta columna ni se levantó contra el régimen, aunque eso no le sirvió de mucho: hasta hoy sigue siendo considerada como un problema «demográfico» a resolver. El único consuelo es que la mayoría de los políticos israelíes no creen que la forma de resolver «el problema» sea mediante la transferencia o expulsión de los palestinos (al menos en tiempos de paz).

La afirmación de ser una democracia también es cuestionable cuando se examina la política presupuestaria relativa a la cuestión de la tierra. Desde 1948 los municipios y los consejos locales palestinos han recibido mucha menos financiación que sus homólogos judíos. La escasez de tierra, junto con la de oportunidades de empleo, crea una realidad socioeconómica anormal. Por ejemplo, la comunidad palestina más rica, la aldea de Me'ilya en la Alta Galilea, está todavía por debajo del polo de desarrollo judío más pobre en el Néguev. En 2011 el *Jerusalem Post* informó que «entre los años 1997 y 2009 el ingreso judío promedio fue entre un 40 y un 60% más alto que el ingreso árabe promedio»[10].

Hoy día más del 90% de la tierra es propiedad del Fondo Nacional Judío (FNJ). Los terratenientes no pueden realizar transacciones con ciudadanos no judíos y el suelo público es de uso prioritario para los proyectos nacionales, lo que significa que siguen construyéndose nuevos asentamientos judíos, mientras que apenas existen nuevos asentamientos palestinos. De modo que la mayor ciudad palestina, Nazaret, a pesar de que se haya triplicado su población desde 1948, no se ha expandido ni un solo kilómetro cuadrado, mientras que el polo de desarrollo construido a su lado, Nazareth Alto, se ha triplicado en tamaño, con tierras expropiadas a los propietarios palestinos[11].

Vemos otros ejemplos de esa política en las villas palestinas de Galilea, que muestran la misma historia: cómo se han reduci

---

[10] *The Jerusalem Post*, 24 de noviembre de 2011.

[11] Véase Ilan Pappe, «In Upper Nazareth: Judaisation», *London Review of Books*, 10 de septiembre de 2009.

do en un 40%, a veces incluso en un 60%, desde 1948, y cómo se han construido nuevos asentamientos judíos en tierras expropiadas. En otros lugares esto ha dado lugar a intentos de «judaización» a gran escala. Después de 1967, el gobierno israelí se sintió preocupado por el pequeño número de judíos que vivían en el norte y el sur del país, por lo que planeó aumentar la población en esas áreas. Tal cambio demográfico requería la confiscación de tierras palestinas para la construcción de asentamientos judíos.

Peor aún fue la expulsión de ciudadanos palestinos de esos asentamientos. Esa contundente violación del derecho de cualquier ciudadano a vivir donde lo desee continúa hoy, y todos los esfuerzos de las ONG de derechos humanos para contrarrestar ese *apartheid* en Israel han terminado hasta ahora en un fracaso total. El Tribunal Supremo israelí solo ha podido cuestionar la legalidad de esa política en algunos casos individuales, pero no en principio. Imaginemos cómo se entendería que en el Reino Unido o en Estados Unidos los ciudadanos judíos, o si se prefiere los católicos, no pudieran vivir en ciertos pueblos, barrios o ciudades. ¿Cómo puede conciliarse esa situación con la noción de democracia?

Así pues, vista su actitud hacia dos grupos palestinos –los refugiados y la comunidad árabe en Israel– el Estado judío no puede, por mucho que se estire la imaginación, considerarse una democracia. Pero el desafío más obvio para esa suposición es la despiadada actitud israelí hacia un tercer grupo palestino, el de los que han vivido bajo su dominio directo e indirecto desde 1967, ya sea en Jerusalén Este, en Cisjordania o en la Franja de Gaza. Desde la infraestructura legal puesta en marcha al comienzo de la guerra, pasando por el poder absoluto de los militares dentro de Cisjordania y fuera de la Franja de Gaza, hasta la humillación de millones de palestinos como rutina diaria, la «única democracia» en Oriente Medio se comporta como una dictadura de la peor índole.

La principal respuesta israelí, diplomática y académica, a esta última acusación es que todas esas medidas son temporales y se modificarán si los palestinos, estén donde estén, se comportan «mejor». Pero si uno investiga los territorios ocupados, o si vive en uno de ellos, comprenderá cuán irrelevantes son estos argumentos. Los responsables de la política israelí, como hemos visto, están decididos a mantener viva la ocupación mientras siga existiendo el Estado judío. Es parte de lo que el sistema político israelí considera como el *statu quo*, que siempre es mejor que cualquier cambio. Israel controlará la mayor parte de Palestina y, dado que siempre incluirá una población palestina sustancial, esto solo puede hacerse por medios no democráticos.

Además, a pesar de todas las pruebas en contrario, el Estado israelí afirma que se trata de una «ocupación ilustrada». El mito al respecto es que Israel llegó con la buena intención de llevar a cabo una ocupación benevolente, pero se vio obligado a adoptar una actitud más dura debido a la violencia palestina. En 1967, el gobierno trató a Cisjordania y la Franja de Gaza como parte natural de *Eretz Israel*, la tierra de Israel, y esta actitud se ha mantenido desde entonces. Cuando se examina el debate entre los partidos de izquierda y de derecha en Israel sobre este tema, se constata que sus desacuerdos tenían que ver con el modo de lograr ese objetivo, no sobre su validez.

Entre la opinión pública general, no obstante, se dio un debate genuino entre los que se podrían llamar los «redentores» y los «custodios». Los «redentores» creían que Israel había recuperado el antiguo núcleo de su tierra natal y que no podría sobrevivir en el futuro sin él. Los «custodios», en cambio, argumentaban que los territorios deberían intercambiarse por la paz con Jordania, en el caso de Cisjordania, y con Egipto en el de la Franja de Gaza[12]. Sin embargo, ese debate público influyó poco en la forma en que los gobernantes y sus asesores imaginaban la mejor forma de controlar los territorios ocupados. Lo peor de ese supuesto «ocupación ilustrada» han sido los métodos del gobierno para administrar los territorios. Al principio el área estaba dividida en espacios «árabes» y potencialmente «judíos»

[12] Véase Amnon Sella, «Custodians and Redeemers: Israel's Leaders' Perceptions of Peace, 1967-1979», *Middle East Studies*, 22:2 (1986), pp. 236-251.

Las áreas densamente pobladas por palestinos se declararon autónomas, dirigidas por colaboracionistas locales bajo un control militar. Ese régimen no fue reemplazado por una administración civil hasta 1981. Las otras áreas, los espacios potencialmente «judíos», fueron colonizadas con asentamientos y bases militares judías. Esa política estaba destinada a dejar recluida a la población de Cisjordania y la Franja de Gaza en enclaves desconectados entre sí, sin espacios verdes ni posibilidades de expansión urbana.

Las cosas no hicieron sino empeorar cuando, muy poco después de la ocupación, Gush Emunim comenzó a crear asentamientos en Cisjordania y la Franja de Gaza, asegurando seguir un mapa bíblico de la colonización más que el gubernamental. Al penetrar en las áreas palestinas densamente pobladas, el espacio que quedaba para los lugareños se redujo aún más.

Lo que necesita principalmente todo proyecto de colonización es tierra; en los territorios ocupados se logró mediante la expropiación masiva, deportando a las familias de donde habían vivido durante generaciones y confinándolas en enclaves con duras condiciones de habitabilidad. Volando sobre Cisjordania se pueden ver claramente los resultados cartográficos de esa política: cinturones de asentamientos que dividen la tierra y las comunidades palestinas en comunidades pequeñas, aisladas y desconectadas. Los cinturones de judaización separan aldeas de aldeas, pueblos de ciudades, y en algún momento dividirán en dos una sola población. Es lo que los estudiosos llaman una geografía del desastre, y no solo porque lo sea desde el punto de vista ecológico, al secar las fuentes de agua y arruinar algunos de los lugares más bellos del paisaje palestino. Además, los asentamientos se convirtieron en semilleros donde el extremismo judío creció incontrolablemente, convirtiendo en víctimas inermes a los palestinos. Por poner un par de ejemplos, el asentamiento de Efrat ha arruinado el valle de Wallajah, patrimonio de la humanidad, cerca de Belén, y el pueblo de Jafneh cerca de Ramallah, que era famoso por sus canales de agua dulce, ha perdido su identidad convirtiéndose en una atracción turística. Se podrían mencionar cientos de casos similares.

La demolición de casas no es un fenómeno nuevo en Palestina. Al igual que muchos de los métodos más bárbaros de castigo colectivo utilizados por Israel desde 1948, fue primeramente concebido y aplicado por el gobierno del Mandato Británico durante la Gran Revuelta Árabe de 1936-1939, que fue el primer levantamiento palestino contra la política prosionista de los británicos. Tardaron tres años en sofocarlo, demoliendo alrededor de 2.000 casas durante los diversos castigos aplicados a la población local[13]. Israel viene demoliendo casas casi desde el primer día de su ocupación militar de Cisjordania y la Franja de Gaza. El ejército ha volado cientos de hogares cada año en respuesta a diversos actos de protesta[14], que iban desde violaciones menores de la normativa militar hasta la participación en actos violentos contra la ocupación; los israelíes se han apresurado siempre a enviar a sus excavadoras para eliminar, no solo un edificio físico, sino un foco de vida en común. En el área metropolitana de Jerusalén (como dentro de Israel) la demolición ha sido también un castigo por la ampliación sin licencia de una casa existente o el retraso en el pago de facturas.

Otra forma de castigo colectivo que se ha reincorporado recientemente al repertorio israelí es la de bloquear casas. Imagínese usted que todas las puertas y ventanas de su casa están bloqueadas con argamasa y piedras, de modo que no puede volver a entrar ni recuperar todo lo que no pudo sacar a tiempo. He buscado mucho en mis libros de historia para encontrar otro ejemplo, pero no encontré pruebas de que se haya practicado una medida tan cruel en otro lugar.

Por último, bajo la «ocupación ilustrada» se ha permitido a los colonos formar bandas de vigilantes para hostigar a la gente y destruir sus propiedades. Esas pandillas han cambiado su proceder a lo largo de los años. Durante la década de 1980 utiliza

[13] Motti Golani, *Palestine Between Politics and Terror, 1945-1947*, Brandeis, Brandeis University Press, 2013, p. 201.

[14] Descripciones detalladas de casi todas las demoliciones se pueden encontrar en el sitio web del Comité Israelí contra las Demoliciones de Casas [Israeli Committee Against House Demolitions], en ichad.org.

ron el terror real, que iba desde herir a líderes palestinos (uno de ellos perdió las piernas en un ataque de ese tipo) a preparar un atentado para volar las mezquitas en Haram al-Sharif en Jerusalén. Últimamente han optado por el hostigamiento diario a los palestinos, arrancando sus árboles, destruyendo sus cosechas y disparando al azar contra sus casas y vehículos. Desde el año 2000 se ha informado de más de 100 ataques de ese tipo en algunas áreas como Hebrón, donde los 500 colonos, con la silenciosa colaboración del ejército israelí, hostigan de una manera aún más brutal a los lugareños que viven cerca[15].

Desde el comienzo de la ocupación, los palestinos tenían dos opciones: aceptar la realidad de la reclusión permanente en la mega-prisión por un tiempo muy largo o arriesgarse a hacer frente al ejército más poderoso de Oriente Medio. Cuando los palestinos se han resistido, como hicieron en 1987, 2000, 2006, 2012, 2014 y 2016, han sido combatidos como soldados y unidades de un ejército convencional: sus pueblos han sido bombardeados como si fueran bases militares y se disparaba contra la población civil desarmada como si se tratara de un ejército en el campo de batalla. Hoy ya sabemos demasiado sobre la vida bajo la ocupación, antes y después de Oslo, para tomarnos en serio la afirmación de que la ausencia de resistencia garantizará menos opresión. Los arrestos sin juicio tal como vienen produciéndose a centenares o miles a lo largo de los años; la demolición de miles de casas; el apaleamiento y asesinato de inocentes; el drenaje de las fuentes de agua, etc., atestiguan uno de los regímenes contemporáneos más duros de nuestra época. Amnistía Internacional documenta anualmente de forma muy completa la naturaleza de la ocupación. En el informe de 2015 figura lo siguiente:

> En la Ribera Occidental, incluida Jerusalén oriental, las fuerzas israelíes cometieron homicidios indiscriminados de civiles palestinos, incluidos niños y detuvieron a miles de palestinos que protestaban o se oponían a la prolongación de la ocupación militar de Is-

[15] Véase el informe de la ONG israelí Yesh Din, «Law Enforcement on Israeli Civilians in the West Bank», en yesh-din.org.

rael, manteniendo a centenares de ellos en prisión administrativa (sin juicio). La tortura y otros malos tratos siguieron en vigor, cometiéndose con impunidad. Las autoridades continuaron promoviendo asentamientos ilegales en Cisjordania y restringiendo severamente la libertad de movimientos de los palestinos, endureciendo aún más las restricciones en una escalada de la violencia desde octubre en la que se produjeron ataques contra civiles israelíes por parte de palestinos y ejecuciones extrajudiciales por parte de las fuerzas israelíes. Los colonos israelíes en Cisjordania atacaron a los palestinos y sus propiedades con virtual impunidad. La franja de Gaza permaneció bajo un bloqueo militar israelí que impuso el castigo colectivo a sus habitantes. Las autoridades siguieron demoliendo las casas palestinas en Cisjordania y dentro de Israel, en particular en las aldeas beduinas de la región de Néguev / Naqab, desalojando por la fuerza a sus residentes[16].

Vayamos por partes. En primer lugar, los asesinatos que el informe de Amnistía denomina «homicidios indiscriminados»: alrededor de 15.000 palestinos han sido asesinados «indiscriminadamente» por Israel desde 1967; entre ellos había 2.000 niños[17]. Otra característica de la «ocupación ilustrada» es el encarcelamiento sin juicio. Una quinta parte de los palestinos de Cisjordania y la Franja de Gaza han pasado por semejante experiencia[18]. Es interesante comparar esa práctica israelí con políticas estadounidenses similares en el pasado y en el presente; los críticos del movimiento Boicot, Desinversión y Sanciones (Boycott, Divestment, and Sanctions, BDS) afirman que las prácticas estadounidenses son mucho peores. De hecho, el peor ejemplo estadounidense fue el encarcelamiento sin juicio de 100.000 ciu-

---

16 Véase «Israel and Occupied Palestinian Territories», en amnesty.org.

17 El recuento de muertes es más preciso desde 1987 en adelante, pero hay fuentes fiables para todo el periodo. Véanse los informes de muertes de B'Tselem y su página de estadísticas en btselem.org. Otras fuentes incluyen los informes IMEMC y ONU OCHA.

18 Uno de los informes más completos sobre el número de prisioneros se puede encontrar en Mohammad Ma'ri, «Israeli Forces Arrested 800,000 Palestinians since 1967», *The Saudi Gazette*, 12 de diciembre de 2012.

dadanos de origen japonés durante la Segunda Guerra Mundial, y de otros 30.000 recientemente bajo la llamada «guerra contra el terror». Esos números ni se aproximan al de los palestinos que han experimentado tal castigo, incluidos los muy jóvenes, los ancianos y los encarcelados a largo plazo[19]. La reclusión sin juicio es una experiencia traumática: no saber cuáles son los cargos en tu contra, no tener contacto con un abogado y apenas con tu familia son solo algunos de los padecimientos que te afectarán como preso extrajudicial. Brutalmente, muchos de esos encarcelamientos se utilizan como medio para obligar a la gente a colaborar denunciando a sus conocidos. También se utiliza frecuentemente como método para obtener esa complicidad la amenaza de difundir rumores relativos a una orientación sexual no convencional, ya sea supuesta o real.

En cuanto a la tortura, el sitio web Middle East Monitor, que cabe juzgar creíble, publicó un artículo que describe alrededor de 200 métodos utilizados por los israelíes para torturar a los palestinos. La lista se basa en un informe de la ONU y otro de la organización israelí de derechos humanos B'Tselem[20]. Entre otros métodos incluye golpes, encadenar a los prisioneros a puertas o sillas durante horas, verter agua fría y caliente sobre ellos, fracturarles los dedos y retorcerles los testículos.

Lo que debemos denunciar aquí, por tanto, no es solo la pretensión de Israel de practicar una «ocupación ilustrada», sino también de ser una democracia. Tal comportamiento hacia millones de personas bajo su dominio desmiente tales artimañas políticas. Sin embargo, aunque grandes sectores de la sociedad en todo el mundo niegan a Israel su pretensión de ser una democracia, sus elites políticas, por diversas razones, todavía lo tratan como miembro del exclusivo club de Estados democráticos. En muchos sentidos, la popularidad del movimiento BDS refleja la

---

[19] Véase el documento en la Biblioteca Harry Truman, «The War Relocation Authority and the Incarceration of the Japanese-Americans in the Second World War», en trumanlibrary.org.

[20] Véase «Torture in Israeli Prisons», 29 de octubre de 2014, en middleeastmonitor.com.

frustración de esas sociedades con respecto a la actitud política de su gobierno hacia Israel.

Para la mayoría de los israelíes, estos argumentos son irrelevantes, en el mejor de los casos, y en el peor, maliciosos. El Estado israelí se aferra a la idea de que es un ocupante benévolo. El argumento que defiende la «ocupación ilustrada» asegura de acuerdo con el ciudadano judío medio en Israel, que los palestinos están mucho mejor bajo la ocupación y no tienen ninguna razón para oponerse a ella, y mucho menos por la fuerza. Los partidarios no críticos de Israel en el extranjero también aceptan esas suposiciones.

Sin embargo, hay sectores de la sociedad israelí que reconocen la validez de algunas de las afirmaciones hechas aquí. En la década de 1990, con diversos grados de convicción, un número importante de académicos, periodistas y artistas judíos expresaron sus dudas sobre la caracterización de Israel como democracia. Hace falta valor para desafiar los mitos fundacionales de la propia sociedad y del Estado, y por esa razón muchos de ellos se retiraron más tarde de esa posición valiente y volvieron a la línea general. Sin embargo, durante la última década del siglo pasado produjeron obras que desafiaban la suposición de un Israel democrático, presentando a Israel como perteneciente a una comunidad diferente: la de las naciones no democráticas. Uno de ellos, el geógrafo Oren Yiftachel, de la Universidad Ben-Gurion, describió a Israel como una etnocracia, un régimen que gobernaba un estado étnico mixto con una preferencia legal y formal por un grupo étnico sobre todos los demás[21]. Otros fueron más lejos, etiquetando a Israel como un Estado de *apartheid* o un Estado colonial de pobladores[22]. En resumen, cualquiera que fuera la descripción que ofrecían esos académicos críticos, la «democracia» no era una de ellas.

---

[21] Oren Yiftachel y As'ad Ghanem, «Towards a Theory of Ethnocratic Regimes: Learning from the Judaisation of Israel/Palestine», en E. Kaufman (ed.), *Rethinking Ethnicity, Majority Groups and Dominant Minorities*, Londres/Nueva York, 2004, pp. 179-197.

[22] Véase Uri Davis, *Apartheid Israel: Possibilities for the Struggle from Within*, Londres, Zed Books, 2004.

CAPÍTULO VIII

Las mitologías de Oslo

El 13 de septiembre de 1993 Israel y la OLP firmaron una declaración de principios, conocida como Acuerdo de Oslo, en el césped de la Casa Blanca y bajo los auspicios del presidente Bill Clinton. El líder de la OLP, Yasir Arafat, el primer ministro israelí Yitzhak Rabin, y el canciller israelí, Shimon Peres, recibirían un año después el Premio Nobel de la Paz por ese acuerdo, con el que se puso fin a un largo periodo de negociaciones iniciado en 1992. Hasta aquel momento Israel se había negado a negociar directamente con la OLP sobre el destino de Cisjordania y la Franja de Gaza, o sobre la cuestión palestina en general. Los sucesivos gobiernos israelíes preferían negociar con Jordania, pero desde mediados de la década de 1980 habían permitido que representantes de la OLP se unieran a las delegaciones jordanas.

Hubo varias razones para el cambio de posición israelí que permitió negociaciones directas con la OLP. La primera fue la victoria del Partido Laborista en las elecciones de 1992 (por primera vez desde 1977) y la formación de un gobierno que estaba más interesado en una solución política que los anteriores liderados por el Likud. El nuevo gobierno entendía que los intentos de negociar directamente con los líderes palestinos locales sobre la autonomía se habían estancado porque cada decisión palestina era remitida para su aprobación a la sede de la OLP en Túnez, de modo que una línea directa sería más útil.

El segundo motivo se refería a las suspicacias israelíes derivadas de la Iniciativa de Paz de Madrid, emprendida por Estados Unidos para reunir a Israel, los palestinos y el resto del mundo árabe con el fin de acordar una solución tras la primera Guerra del Golfo. El presidente George Bush padre y su secretario de Estado, William Baker, apadrinaron esa iniciativa en 1991. Ambos políticos entendían que Israel era un obstáculo para la paz y presionaron al gobierno israelí para que detuviera la construcción de nuevos asentamientos y diera una oportunidad a la solución de dos Estados. Las relaciones israelo-americanas estaban en aquel momento en un nivel inusitadamente bajo. La nueva administración israelí también inició por su parte un contacto directo con la OLP. La conferencia de Madrid de 1991 y los esfuerzos de paz realizados bajo sus auspicios fueron probablemente el primer intento genuino estadounidense de encontrar una solución para Cisjordania y la Franja de Gaza basada en la retirada israelí. La elite política israelí quería frustrar el movimiento cortándolo de raíz. Prefería iniciar su propia propuesta de paz y convencer a los palestinos para que la aceptaran. Yasir Arafat también estaba descontento con la iniciativa de Madrid ya que a su entender los dirigentes palestinos locales en los territorios ocupados, en particular Abdel-Shafi en Gaza y Faysal al-Husseini en Jerusalén, amenazaban su liderazgo y popularidad al ponerse a la cabeza de las negociaciones

La OLP desde Túnez y el Ministerio de Asuntos Exteriores israelí comenzaron pues a negociar a escondidas mientras se concertaba la Iniciativa de Paz de Madrid. Encontraron un mediador bien dispuesto en el FAFO, un instituto de paz noruego con sede en Oslo. Los dos equipos se encontraron finalmente en público en agosto de 1993 y firmaron, con intermediación estadounidense, una Declaración de Principios (DP), que fue saludada con grandes alharacas como el final del conflicto cuando se presentó en el césped de la Casa Blanca en septiembre de 1993.

Hay dos mitos asociados con el proceso de Oslo. El primero es que se trataba de un auténtico proceso de paz; el segundo, que Yasir Arafat lo saboteó deliberadamente instigando la Segunda Intifada como una operación terrorista contra Israel

El primer mito surgió del deseo de ambas partes en 1992 de alcanzar una solución. Sin embargo, cuando fracasó, pronto surgieron las acusaciones mutuas atribuyendo cada bando al otro la responsabilidad. Los halcones israelíes apuntaron directamente a los dirigentes palestinos, aunque una versión sionista liberal más matizada culpó no solo a Yasir Arafat sino también a la derecha israelí, en particular a Benjamin Netanyahu, por el estancamiento después de la muerte del líder de la OLP en 2004. En cualquier caso, se considera que fue un intento real, aunque fracasara. Sin embargo, la verdad es más compleja. Los términos del acuerdo eran imposibles de cumplir. La afirmación de que Arafat se negó a respetar las promesas hechas por los palestinos en el Acuerdo de 1993 no soporta un escrutinio minucioso. No pudo llevar a la práctica promesas que eran imposibles de cumplir; por ejemplo, las autoridades palestinas debían supuestamente actuar como subcontratistas de seguridad dentro de los territorios ocupados y garantizar que no hubiera en ellos ninguna actividad de resistencia. Más implícitamente, se esperaba que Arafat aceptara sin debate la interpretación israelí del Acuerdo. Los israelíes presentaron este *fait accompli* al líder de la OLP en el verano de 2000 en la cumbre de Camp David, donde el líder palestino estaba negociando el acuerdo final con el primer ministro israelí Ehud Barak y el presidente estadounidense Bill Clinton.

Barak exigió un Estado palestino desmilitarizado, con capital en un pueblo cercano a Jerusalén, Abu Dis, y sin partes de Cisjordania como el Valle del Jordán, los grandes bloques de asentamientos judíos y áreas del Gran Jerusalén. El futuro Estado palestino no tendría una política económica y exterior independiente y solo sería autónomo en ciertos aspectos domésticos (como el funcionamiento del sistema educativo, la recaudación de impuestos, los municipios, la vigilancia y el mantenimiento de las infraestructuras sobre el terreno). La formalización de ese acuerdo debía significa el final del conflicto y terminar con cualquier demanda palestina en el futuro (como el derecho de retorno para los refugiados palestinos de 1948).

El proceso de paz fue un chasco desde el principio. Para entender el fracaso de Oslo, hay que ampliar el análisis y relacionar los acontecimientos con dos principios que permanecieron sin respuesta a lo largo del Acuerdo. El primero era la primacía de la partición geográfica o territorial como fundamento exclusivo de la paz; el segundo, la negación del derecho de retorno de los refugiados palestinos y su exclusión de la mesa de negociaciones.

La idea de que la partición física del territorio era la mejor solución para el conflicto apareció por primera vez en 1937 en el Informe Peel de la Comisión Real Británica. En aquel momento el movimiento sionista sugirió que Jordania –Transjordania en aquellos días– debía incluir las «partes árabes de Palestina», pero la idea fue rechazada por los palestinos[1]. Más tarde fue recuperada en la Resolución de la ONU de noviembre de 1947. La ONU nombró un comité especial de investigación (UNSCOP) para tratar de encontrar una solución. Los miembros del comité procedían de países que tenían muy poco interés en el conocimiento de Palestina. El cuerpo representativo palestino, el Alto Comité Árabe y la Liga Árabe boicotearon el UNSCOP y se negaron a cooperar con él. Esto dejó un vacío que fue llenado por los diplomáticos y líderes sionistas, quienes alimentaron al UNSCOP con sus ideas para la solución. Sugirieron la creación de un Estado judío en más del 80 por 100 de Palestina; si bien el Comité lo redujo al 56%[2]. Egipto y Jordania estaban dispuestos a legitimar la conquista de Palestina por los israelíes en 1948 a cambio de acuerdos bilaterales con ellos (que finalmente se firmaron en 1979 con Egipto y en 1994 con Jordania).

La idea de la partición reapareció bajo diferentes nombres y referencias en los esfuerzos liderados por los estadounidenses después de 1967. Estaba implícita en el nuevo discurso que surgió entonces: el de «territorios por paz», que cada negociador entendía como una fórmula santificada: cuanto más territorio devolviera Israel, más paz obtendría. Ahora el territorio del que Israel podría retirarse estaba dentro del 20% del que no se había apoderado en 1948. En esencia, pues, la idea era construir la paz sobre la base de repartir el 20% restante entre Israel y cualquiera al que legitimara como socio para la paz (los jordanos hasta fines de la década de 1980 y los palestinos desde entonces).

---

[1] Masalha, *Expulsion of the Palestinians*, cit., p. 107.

[2] Walid Khalidi, «Revisiting the UNGA Partition Resolution», *Journal of Palestine Studies*, 27:1 (1997), pp. 5-21.

No podía sorprender a nadie, por tanto, que esto se convirtiera en la piedra angular de la lógica con que funcionaron las discusiones de apertura en Oslo. Sin embargo, se olvidó fácilmente que, históricamente, cada vez que se ofrecía la partición se producía más derramamiento de sangre y no se llegaba a la paz deseada. De hecho, los líderes palestinos en ningún momento se mostraron partidarios de la partición. Siempre fue una idea sionista, y más tarde israelí. Además, la proporción de territorio exigida por los israelíes crecía a medida que aumentaba su poder. Por lo tanto, a medida que la idea de la partición ganaba un creciente apoyo mundial, cada vez más les parecía a los palestinos una estrategia ofensiva por otros medios. Solo debido a la falta de alternativas, las organizaciones palestinas aceptaron ese conjunto de circunstancias como un mal menor dentro de los términos de la negociación. A principios de la década de 1970, Fatah reconoció la partición como un medio necesario en el camino hacia la liberación total, pero no como un acuerdo final en sí mismo[3].

En realidad, sin la aplicación de una presión extrema, no hay razón en el mundo por la que ninguna población nativa haya aceptado nunca voluntariamente dividir su tierra natal con una población de colonos. Y por eso debemos reconocer que el proceso de Oslo no fue una búsqueda justa y equitativa de paz, sino un compromiso acordado por un pueblo derrotado y colonizado. Como consecuencia, los palestinos se vieron obligados a buscar soluciones que iban en contra de sus intereses y que ponían en peligro su propia existencia.

El mismo argumento se puede esgrimir con respecto a los debates sobre la «solución de los dos Estados» que se ofreció en Oslo. Esa oferta debe entenderse como lo que era: la partición bajo una redacción diferente. Incluso en ese escenario, aunque los términos del debate parezcan diferentes, Israel no solo decidiría cuánto territorio iba a ceder, sino también qué sucedería

[3] El mejor informe sobre los acontecimientos que condujeron al Acuerdo de Oslo es el de Hilde Henriksen Waage, «Postscript to Oslo: The Mystery of Norway's Missing Files», *Journal of Palestine Studies*, 38:1 (2008), pp. 54-65.

en el territorio al que renunciaba. Si bien la promesa de la estatalidad resultaba inicialmente persuasiva para el mundo y para algunos palestinos, pronto pareció sonar vacía. Sin embargo, esas dos nociones entrelazadas de retirada territorial y estatalidad se empaquetaron con éxito como partes del Acuerdo de Paz de Oslo de 1993. Pocas semanas después de la firma conjunta en el césped de la Casa Blanca, las estipulaciones habían dejado de ser creíbles. A finales de septiembre los vagos principios del Acuerdo ya se habían traducido en una nueva realidad geopolítica sobre el terreno bajo los términos de lo que se llamó el acuerdo de Oslo II (o de Taba[4]), que incluía no solo la división de Cisjordania y la Franja de Gaza entre zonas «judías» y «palestinas», sino también la división de todas las áreas palestinas en pequeños cantones o bantustanes. La cartografía de la paz de 1995 equivalía a una serie dividida de zonas palestinas que, en palabras de algunos comentaristas, se parecía a un queso suizo[5].

Una vez que este programa se hizo evidente, las negociaciones perdieron pronto interés. Antes de la cumbre final en el verano de 2000, los activistas, académicos y políticos palestinos se habían dado cuenta de que el proceso en cuestión no implicaba una retirada militar israelí de los territorios ocupados, ni prometía la creación de un Estado real. La farsa quedó a la luz y el progreso se detuvo. La consiguiente sensación de desaliento contribuyó al estallido del segundo levantamiento palestino en el otoño de 2000.

El proceso de paz de Oslo no fracasó simplemente por su adhesión al principio de la partición. En el Acuerdo original había una promesa israelí de que los tres asuntos que más preocupaban a los palestinos –el destino de Jerusalén, los refugiados y las colonias judías– serían negociados cuando llegara con éxito a un final el periodo provisional de cinco años, durante el cual los

---

[4] Véase «1993 Oslo Interim Agreement», en israelipalestinian.procon.org.

[5] Véase Ian Black, «How the Oslo Accord Robbed the Palestinians», *Guardian*, 4 de febrero de 2013.

palestinos tenían que demostrar que podían servir efectivamente como subcontratistas de seguridad de Israel, evitando cualquier ataque guerrillero o terrorista contra el Estado judío, su ejército, colonos y ciudadanos. Contrariamente a la promesa hecha en la Declaración de Principios de Oslo, cuando ya habían pasado los cinco años de la primera fase, la segunda, en la que se debían debatir las cuestiones más sustanciales para los palestinos, no comenzó nunca. El gobierno de Netanyahu afirmó que no se podía iniciar esa segunda fase debido a la «mala conducta» palestina (que incluía el «adoctrinamiento en las escuelas» y las débiles condenas de los ataques terroristas contra soldados, colonos y ciudadanos). En realidad, no obstante, el proceso se vio detenido principalmente por el asesinato del primer ministro israelí, Yitzhak Rabin, en noviembre de 1995, seguido por la victoria del partido Likud, encabezado por Netanyahu, en las elecciones generales de 1996 por menos de 30.000 votos de diferencia sobre el partido laborista. La oposición manifiesta del nuevo primer ministro al Acuerdo detuvo el proceso. Aun cuando los estadounidenses le obligaron a reiniciar las negociaciones, el progreso fue extremadamente lento hasta el regreso al poder en 1999 del Partido Laborista, con Ehud Barak, quien estaba decidido a completar el proceso con un acuerdo de paz final, con el apoyo declarado del presidente Bill Clinton.

La oferta final de Israel, presentada durante las discusiones en Camp David en el verano de 2000, proponía un pequeño Estado palestino con capital en Abu Dis, pero sin el desmantelamiento significativo de ningún asentamiento ni esperanzas para el retorno de los refugiados. Después de que los palestinos rechazaron la oferta, hubo un intento informal del vicecanciller israelí, Yossi Beilin, de negociar un acuerdo más razonable. Sobre los refugiados, aceptaba ahora su regreso a un futuro Estado palestino y una repatriación simbólica a Israel; pero esa propuesta informal nunca fue ratificada por el Estado. (Gracias a la filtración de documentos clave conocidos como «papeles de Palestina», ahora tenemos una mejor idea de la naturaleza de las negociaciones, y recomiendo a los lectores que deseen examinar otros aspectos de las negociaciones entre 2001 y 2007 que consulten esa fuente ahora accesible[6]). Sin embargo, cuando las negociaciones colapsaron, fueron los líderes palestinos, en lugar de los políticos israelíes, los que fueron acusados de intransigencia y de hacer fracasar el intento de Oslo, lo que hacía un mal servicio a los involucrados y a lo seriamente que se habían considerado las perspectivas de partición.

La exclusión de la agenda del derecho de retorno para los palestinos expulsados es la segunda razón por la que el Acuerdo de Oslo resultó irrelevante como proceso de paz. Mientras que el principio de partición reducía «Palestina» a Cisjordania y la Franja de Gaza, la exclusión del tema de los refugiados y de la minoría palestina dentro de Israel reducía demográficamente a menos de la mitad al «pueblo palestino». Esta desatención a la cuestión de los refugiados no era nueva. Desde el comienzo de los esfuerzos de paz en la Palestina posterior al Mandato británico, los refugiados han estado sometidos a una campaña de represión y negligencia. Desde la primera conferencia de paz sobre la Palestina posterior a 1948, la reunión de Lausana en abril de 1949, el problema de los refugiados quedó excluido del programa de paz y se desvinculó del concepto de «conflicto palestino». Israel solo participó en esa conferencia porque era condición previa para su aceptación como miembro de pleno derecho de la ONU[7], que también exigió que Israel firmara el llamado Protocolo de Mayo, comprometiéndose con los términos de la Resolución 194, que incluía un llamamiento incondicional a los refugiados palestinos a regresar a sus hogares o a recibir una compensación. Un día después de su firma en mayo de 1949, Israel fue admitido en la ONU e inmediatamente se retractó de su compromiso con ese protocolo.

Tras la guerra de junio de 1967, el mundo en general aceptó la afirmación israelí de que el conflicto en Palestina había comenzado con esa guerra y de que se trataba esencialmente de

---

[6] Véase «Meeting Minutes: Taba Summit—Plenary Session», en thepalestinepapers.com.

[7] Ilan Pappé, *The Making of the Arab-Israeli Conflict, 1948-1951*, Londres y Nueva York, I. B. Tauris, 1992, pp. 203-243.

una contienda sobre el futuro de Cisjordania y la Franja de Gaza. Varios regímenes árabes aceptaron también esa idea, dejando a un lado el problema de los refugiados. Sin embargo, los campos de refugiados se convirtieron pronto en nidos de intensa actividad política, social y cultural. Fue allí, por ejemplo, donde renació el movimiento de liberación palestino. Solo la ONU siguió mencionando en varias de sus resoluciones la obligación de la comunidad internacional de garantizar la repatriación plena e incondicional de los refugiados palestinos, esto es, el compromiso expresado en la Resolución 194 en 1948. Todavía hoy mantiene el llamado «comité por los derechos inalienables de los refugiados palestinos», aunque haya tenido escaso efecto en el proceso de paz.

El Acuerdo de Oslo no fue diferente. En ese documento el tema de los refugiados quedó enterrado en una subcláusula, casi invisible entre la batahola de palabras. Los socios palestinos del acuerdo contribuyeron a esta ofuscación, probablemente por negligencia más que intencionalmente, pero el resultado fue el mismo. El problema de los refugiados –el núcleo del conflicto palestino, una realidad reconocida por todos los palestinos, dondequiera que estén y por cualquier que simpatice con la causa palestina–, fue marginado en los documentos de Oslo, pasándoselo a un efímero grupo multilateral al que se le pidió que se concentrara en los refugiados de 1967, los palestinos expulsados después de la guerra de junio. De hecho, el Acuerdo de Oslo sustituyó a un intento embrionario, surgido del proceso de Madrid de 1991, para formar un grupo multilateral que discutiera el tema de los refugiados sobre la base de la Resolución 194 de la Asamblea General de la ONU. Ese grupo fue dirigido por la delegación canadiense, que consideraba el derecho de retorno como un mito, a lo largo de 1994, y luego se evaporó sin ningún anuncio oficial; el caso es que el grupo dejó de reunirse y no se volvió a tratar el destino, ni siquiera de los refugiados de 1967 (más de 300.000)[8].

[8] Robert Bowker, *Palestinian Refugees. Mythology, Identity and the Search for Peace*, Boulder, Lynne Rienner Publishers, 2003, p. 157.

La aplicación del acuerdo después de 1993 no hizo más que empeorar las cosas. Los términos del mismo requerían el abandono por parte de la dirección palestina del derecho de retorno. Así, solo cinco años después de la cantonización de «la entidad palestina» y su transformación en bantustanes, los líderes palestinos obtuvieron el permiso para expresar su deseo de abordar el problema de los refugiados como parte de las negociaciones sobre el arreglo permanente de la cuestión palestina. Sin embargo, el Estado israelí pudo manipular los términos de la discusión y eligió distinguir entre, por un lado, la introducción del «problema de los refugiados» como una reclamación palestina legítima, y, por otro, la exigencia del «derecho de retorno», que entendía como una provocación palestina.

En el último intento de salvar el acuerdo de la cumbre de Camp David en 2000, el problema de los refugiados no recibió mejor tratamiento. En enero de 2000 el gobierno de Barak presentó un documento, respaldado por los negociadores estadounidenses, que definía los parámetros de las negociaciones. Se trataba de un *diktat* israelí, y hasta que la cumbre se convocó en verano, los palestinos no presentaron una contrapropuesta. Las «negociaciones» finales fueron esencialmente un esfuerzo combinado israelo-estadounidense para conseguir que los palestinos aceptaran el documento, que incluía, entre otras cosas, un rechazo absoluto y categórico del derecho de retorno. Dejaba abierto a la discusión el número de refugiados a los que se podría permitir regresar a los territorios controlados por la Autoridad Palestina, aunque todos los involucrados entendían que esas áreas atestadas no podían absorber más gente, mientras que había mucho espacio para repatriar a los refugiados en el resto de Israel y Palestina. Esta parte de la discusión carecía de sentido y se presentaba únicamente para silenciar cualquier crítica sin ofrecer ninguna solución real

El proceso de paz de la década de 1990 no fue por tanto tal. La insistencia en la partición y la exclusión de la agenda del tema de los refugiados convirtió el proceso de Oslo, en el mejor de los casos, en un pretexto para el redespliegue militar y una reorganización del control israelí en Cisjordania y la Franja de Gaza, y en el peor, en el inicio de un nuevo sistema de control que hizo la vida para los palestinos en los territorios ocupados mucho más difícil de lo que era antes.

Después de 1995, el efecto del Acuerdo de Oslo como factor que arruinó la sociedad palestina, en lugar de traer la paz, se hizo dolorosamente claro. Después del asesinato de Rabin y la elección de Netanyahu en 1996, el acuerdo se convirtió en un discurso de paz que no tenía relevancia en realidad sobre el terreno. Durante el periodo de las conversaciones –entre 1996 y 1999–, se construyeron más asentamientos y se infligieron más castigos colectivos a los palestinos. Incluso a quien creyera en la solución de dos Estados en 1999, un recorrido por Cisjordania o la Franja de Gaza le habría convencido de las palabras del académico israelí Meron Benvenisti cuando dijo que Israel había creado hechos irreversibles sobre el terreno: la solución de los dos Estados fue asesinada por Israel[9]. Dado que el proceso de Oslo no fue un verdadero proceso de paz, la participación de los palestinos en él y su renuencia a darle continuidad no era señal de su supuesta intransigencia y su cultura política violenta, sino una respuesta natural a una farsa diplomática que solidificó y profundizó el control israelí sobre los territorios ocupados.

Esto nos lleva al segundo mito sobre el proceso de Oslo: que la intransigencia de Arafat aseguró el fracaso de la Cumbre de Camp David en 2000. A este respecto hay dos preguntas a responder. En primer lugar, lo que sucedió en el verano de 2000 en Camp David: ¿quién fue el responsable del fracaso de la cumbre? En segundo lugar, ¿quién fue responsable de la violencia de la Segunda Intifada? Las dos preguntas nos ayudarán a entrar directamente en la suposición común de que Arafat era un belicista que llegó a Camp David para destruir el proceso de paz y regresó a Palestina con la decisión de comenzar una nueva Intifada.

Antes de responder a estas preguntas, debemos recordar la realidad en los territorios ocupados el día en que Arafat llegó a Camp David. Mi principal argumento es que Arafat llegó con la

[9] Meron Benvenisti, *West Bank Data Project: A Survey of Israel's Politics*, Jerusalén, AEI Press, 1984.

intención de cambiar esa realidad, mientras que los israelíes y los estadounidenses estaban decididos a mantenerla. El proceso de Oslo había transformado los territorios ocupados en un desastre geográfico, lo que significa que la calidad de vida de los palestinos era mucho peor después del acuerdo que antes. Ya en 1994 el gobierno de Rabin obligó a Arafat a aceptar su interpretación de cómo se aplicaría el acuerdo sobre el terreno. Cisjordania se dividió en las malhadadas áreas A, B y C. El área C estaba directamente controlada por Israel y constituía la mitad de Cisjordania. El movimiento entre esas áreas, e incluso dentro de cada una de ellas, era casi imposible, y Cisjordania quedó aislada de la Franja de Gaza. La Franja también se dividió entre palestinos y colonos judíos, que se hicieron cargo de la mayoría de los recursos hídricos y vivían en comunidades cerradas rodeadas con alambre de púas. De modo que el resultado final de este supuesto proceso de paz fue un deterioro en la calidad de vida de los palestinos.

Esta era la realidad que conocía Arafat cuando llegó a Camp David en el verano de 2000. Se le estaba pidiendo que firmara como acuerdo final hechos irreversibles sobre el terreno que habían convertido la idea de la solución de dos Estados en un arreglo que en el mejor de los casos permitiría a los palestinos dos pequeños bantustanes y en el peor permitiría a Israel anexionarse más territorio. El acuerdo también obligaría a Arafat a renunciar a cualquier futura demanda o propuesta palestina para aliviar algunas de las dificultades cotidianas que sufrían la mayoría de los palestinos.

Tenemos un informe auténtico y fiable de lo que sucedió en Camp David, redactado por Hussein Agha y Robert Malley, del Departamento de Estado[10]. Su informe detallado apareció en la *New York Review of Books* y comenzaba desestimando la afirmación israelí de que Arafat arruinó la cumbre. El artículo señala que el principal problema de Arafat era que, en los años transcurridos desde Oslo, la vida de los palestinos en los territorios ocu-

---

[10] Robert Malley y Hussein Agha, «Camp David: The Tragedy of Errors», *New York Review of Books*, 9 de agosto de 2001.

pados no había hecho más que empeorar. Según esos dos funcionarios estadounidenses, Arafat sugirió, muy razonablemente, que, en lugar de precipitarse en dos semanas «para terminar con el conflicto de una vez y para siempre», Israel debería acordar ciertas medidas que podrían restaurar la fe de los palestinos en la utilidad y ventajas del proceso de paz. El periodo de dos semanas, por cierto, no era una demanda israelí, sino un marco de tiempo insensato impuesto por Bill Clinton, que al parecer pensaba sobre todo en su propio legado.

Había dos propuestas principales que Arafat señaló como posibles temas de debate y que de ser aceptadas podrían mejorar la realidad sobre el terreno. La primera era reducir la intensiva colonización de Cisjordania, que había aumentado después de Oslo. La segunda era poner fin a la brutalización diaria de la vida normal palestina, que se manifestaba en severas restricciones de movimiento, castigos colectivos frecuentes, arrestos sin juicio y humillaciones constantes en los puestos de control. Todas esas prácticas ocurrían en cada lugar donde había contacto entre el ejército o la administración civil israelí (que era la que gestionaba el día a día de los territorios) y la población local.

Según el testimonio de los funcionarios estadounidenses, Barak se negó a modificar la política de Israel hacia las colonias judías o el abuso diario de los palestinos. Adoptó una posición intransigente que dejó a Arafat sin alternativa. Cualquier cosa que Barak propusiera como acuerdo final no significaba mucho si no podía prometer cambios inmediatos en la realidad sobre el terreno. Como cabía predecir, Israel y sus aliados culparon a Arafat por su supuesto belicismo y por alentar la Segunda Intifada inmediatamente después de regresar de Camp David. El mito es que la Segunda Intifada fue un ataque terrorista patrocinado e incluso planeado por Yasir Arafat. La verdad es que fue una demostración masiva de insatisfacción ante las traiciones de Oslo a las que se añadieron las acciones provocadoras de Ariel Sharon, que en septiembre de 2000 detonó una explosión de protesta cuando, como líder de la oposición, recorrió Haram al-Sharif, el Monte del Templo, con un enorme dispositivo de seguridad y gran presencia mediática.

La cólera palestina inicial se expresó en manifestaciones no violentas que fueron aplastadas brutalmente por Israel. Esta despiadada represión llevó a una respuesta aún más desesperada: los terroristas suicidas que aparecieron como último recurso frente a la potencia militar más fuerte de la región. Hay convincentes pruebas de los corresponsales de los periódicos israelíes de que sus informes sobre las primeras etapas de la Intifada –como movimiento no violento aplastado por el ejército israelí–, fueron archivados por sus editores para adecuarse a la versión del gobierno. Uno de ellos era un subdirector de *Yeidot Ahronoth*, el principal diario del país, que escribió un libro sobre la información producida por los medios israelíes en los primeros días de la Segunda Intifada[11]. Los propagandistas israelíes afirmaron que el comportamiento de los palestinos no hacía más que confirmar el famoso dicho del veterano diplomático israelí Abba Eban, de que los palestinos no perdían ni una oportunidad de perder una oportunidad para la paz.

Hoy día tenemos una mejor comprensión de lo que desencadenó la furiosa reacción israelí. En su libro *Boomerang* dos periodistas israelíes muy destacados, Ofer Shelah y Raviv Drucker, entrevistaban al general en jefe israelí del estado mayor y a estrategas del ministerio de Defensa, brindándonos datos internos de cómo esos funcionarios pensaban sobre el tema[12]. Su conclusión era que en el verano de 2000 el ejército israelí se sentía frustrado después de su humillante derrota frente a Hezbolá en el Líbano. Existía el temor de que aquella derrota hiciera parecer débil al ejército, por lo que se necesitaba una demostración de fuerza. Una reafirmación de su dominio dentro de los territorios ocupados era justamente el tipo de exhibición de poder absoluto que necesitaba el «invencible» ejército israelí. Se le ordenó responder con todas sus fuerzas y así lo hizo. Cuando Israel tomó represalias contra un ataque terrorista en un hotel en el balneario

---

[11] Daniel Dor, *The Suppression of Guilt: The Israeli Media and the Reoccupation of the West Bank*, Londres, Pluto Press, 2005.

[12] Raviv Drucker y Ofer Shelah, *Bumerán*, Jerusalén, Keter, 2005 (en hebreo).

de Netanya en abril de 2002 (en el que mataron a treinta personas), fue la primera vez que los militares utilizaron aviones para bombardear los densos campos palestinos de refugiados en Cisjordania. En lugar de perseguir a los individuos que habían llevado a cabo los ataques, se utilizaron las armas más letales y pesadas contra personas inocentes.

Otra referencia común en el juego de acusaciones y culpabilidades desarrollado por Israel y Estados Unidos después del fracaso de Camp David fue el de recordar a la opinión pública que había un problema crónico con los líderes palestinos, que a la hora de la verdad harían patente su belicismo. La afirmación de que «no hay nadie con quien hablar en el lado palestino» resurgió en aquel momento como conclusión común de expertos y comentaristas en Israel, Europa y Estados Unidos. Tales acusaciones eran particularmente cínicas. El gobierno y el ejército israelíes habían intentado por la fuerza imponer su propia versión de Oslo –que pretendía perpetuar para siempre la ocupación, pero con el consentimiento palestino–, que ni siquiera un debilitado Arafat podía aceptar. Él y tantos otros líderes que podían haber llevado a su pueblo a la reconciliación, fueron atacados por los israelíes y la mayoría de ellos, incluido probablemente el propio Arafat, fueron asesinados. El asesinato selectivo de líderes palestinos, incluidos los moderados, no era un fenómeno nuevo en el conflicto. Israel comenzó esa estrategia en 1972 con el asesinato de Ghassan Kanafani, un poeta y escritor que también podría haber llevado a su pueblo a la reconciliación. El hecho de que fuera señalado como activista seglar y de izquierda, aparece como ejemplo paradigmático del papel que jugó Israel en matar a los palestinos cuya ausencia «lamentó» más tarde echándolos de menos como interlocutores para alcanzar la paz.

En mayo de 2001, el presidente George Bush Jr. nombró al senador Robert Mitchell como enviado especial a Oriente Medio. Mitchell presentó un informe sobre las causas de la Segunda Intifada, en el que decía: «No tenemos bases para concluir que hubo un plan deliberado por parte de la AP para iniciar una campaña de violencia a la primera oportunidad; ni para concluir que hubo un plan deliberado del [Gobierno de Israel] para responder con fuerza letal»[13]. Por otro lado, culpó a Ariel Sharon por provocar el conflicto al visitar y violar la sacralidad de la mezquita de al-Aqsa y los lugares sagrados del islam.

En resumen, hasta el abatido Arafat se dio cuenta de que la interpretación israelí de Oslo en 2000 significaba el fin de cualquier esperanza para una vida palestina normal y condenaba a los palestinos a sufrir más en el futuro. Ese escenario no solo era moralmente malo a sus ojos, sino que también, como bien lo sabía, fortalecería a quienes consideraban que la lucha armada contra Israel era la única forma de liberar Palestina. Israel podría haber detenido la Segunda Intifada en cualquier momento, pero el ejército la necesitaba como «éxito»; solo cuando este se logró mediante la bárbara operación «Escudo Defensivo» en 2002 y la construcción del infame «muro del *apartheid*», decidió sofocar temporalmente el levantamiento.

[13] Para el texto completo, véase «Sharm El-Sheikh Fact-Finding Committee Report: "Mitchell Report"», 30 de abril de 2001, en http://eeas.europa.eu/archives/docs/mepp/docs/mitchell_report_2001_en.pdf.

CAPÍTULO IX

Las mitologías de Gaza

La cuestión de Palestina está estrechamente asociada en la opinión pública internacional con la Franja de Gaza. Desde el primer asalto israelí a la Franja en 2006 y hasta el reciente bombardeo en 2014 sobre los 1,8 millones de palestinos que viven allí, esa parte de la región resumía la cuestión palestina para el mundo en general. Presentaré en este capítulo tres mitos que engañan a la opinión pública sobre las causas de la violencia en curso en Gaza y que explican la impotencia que siente quienquiera que desee poner fin a la miseria de las personas atestadas en uno de los territorios más densamente poblados del mundo.

El primer mito se refiere a uno de los principales actores sobre el terreno en la Franja, el movimiento Hamás. Su nombre es el acrónimo en árabe del *Harakat al-Muqáwama al-Islamiya*, «Movimiento de Resistencia Islámico», y la palabra *hamás* también significa literalmente «entusiasmo». Surgió a mediados de la década de 1980 como organización benéfica y educativa emparentada con el movimiento fundamentalista islámico Hermandad Musulmana, asentado principalmente en Egipto, pero pronto se transformó, durante la Primera Intifada (1987), en un movimiento político. Al año siguiente publicó una carta fundacional en la que afirmaba que solo los principios del islam político ofrecían una oportunidad de liberar Palestina. Nunca se explicó o demostró plenamente cómo se deberían aplicar esos principios o lo que significan realmente. Desde su inicio hasta el presente, Hamás se ha involucrado en una lucha existencial contra Occidente, Israel, la Autoridad Palestina (AP) y Egipto.

Cuando surgió Hamás, a finales de la década de 1980, su principal rival en la Franja de Gaza era el movimiento Fatah, fundador de la OLP y su principal organización. Perdió algo de apoyo entre el pueblo palestino cuando negoció el Acuerdo de Oslo y fundó la Autoridad Palestina (de ahí que el presidente de la OLP sea también presidente de la AP y jefe de Fatah). Fatah es un movimiento nacional seglar, con fuertes elementos de izquierda, inspirado en las ideologías de liberación del Tercer Mundo de las décadas de 1950 y 1960; esencialmente sigue comprometido con la creación en Palestina de un Estado seglar y democrático para todos sus habitantes. Estratégicamente, sin embargo, Fatah ha aceptado la solución de dos Estados desde la década de 1970. Hamás, por su parte, está dispuesto a permitir a Israel retirarse por completo de todos los territorios ocupados, en un plazo de diez años de armisticio, antes de discutir cualquier solución futura.

Hamás se opuso a la política pro-Oslo de Fatah y a su desatención al bienestar social y económico, y denunció su fracaso básico en cuanto a terminar con la ocupación. Esa oposición se hizo más significativa cuando, a mediados de la primera década del nuevo siglo, Hamás decidió presentarse como partido político en las elecciones municipales y nacionales. Su popularidad en Cisjordania y en la Franja de Gaza había crecido gracias a su papel destacado en la Segunda Intifada en 2000-2005, en la que sus miembros estaban dispuestos a convertirse en bombas humanas, y en cualquier caso a tomar un papel más activo en la resistencia frente a la ocupación (hay que señalar que durante esa Intifada los miembros más jóvenes de Fatah también mostraron la misma resiliencia y compromiso, y que Maruan Barghouti, uno de sus líderes más representativos, todavía está en la cárcel en Israel por su papel en el levantamiento). La muerte de Yasir Arafat en noviembre de 2004 creó un vacío político en la dirección de la Autoridad Palestina que, de conformidad con su propia constitución, tuvo que convocar elecciones presidenciales. Hamás boicoteó esas elecciones, afirmando que estarían estrechamente asociadas con el Proceso de Oslo, más que con la democracia. En cambio, sí participó aquel mismo año, 2005, en elecciones municipales, en las que obtuvo muy buenos resultados, asumiendo el control de más de un tercio de los municipios en los territorios ocupados. Le fue aún mejor en las elecciones de 2006 al parlamento o asamblea legislativa de la AP. Obtuvo una cómoda mayoría en la asamblea y con ella el derecho a formar gobierno, lo que hizo durante un breve periodo antes de chocar con Fatah e Israel. En el subsiguiente enfrentamiento fue apartado del poder político oficial en Cisjordania, pero siguió manteniéndolo en la Franja de Gaza. La renuencia de Hamás a aceptar el Acuerdo de Oslo, su negativa a reconocer a Israel y su compromiso con la lucha armada constituyen el trasfondo del primer mito que examino aquí. Pero si bien Hamás está señalado como organización terrorista, tanto en los medios como en la legislación, yo defenderé que es un movimiento de liberación legítimo.

El segundo mito que examino aquí se refiere a la decisión israelí que creó el vacío en la Franja de Gaza que permitió a Hamás, no solo ganar las elecciones en 2006 sino también expulsar a Fatah por la fuerza aquel mismo año. Se trata de la retirada unilateral israelí de la Franja en 2005 después de casi cuarenta años de ocupación. El segundo mito es que esa retirada fue un gesto de paz o reconciliación que fue respondido con hostilidad y violencia. Es crucial debatir, como hago en este capítulo, los orígenes de la decisión de Israel y observar de cerca el impacto que ha tenido en Gaza desde entonces. De hecho, afirmo que la decisión formaba parte de una estrategia destinada a fortalecer el control de Israel sobre Cisjordania y convertir la Franja de Gaza en una megaprisión que pudiera ser vigilada y controlada desde el exterior. Israel no solo retiró su ejército y servicio secreto de la Franja, sino también, en un proceso muy doloroso, a los miles de colonos judíos que el gobierno había enviado allí desde 1969. Por eso afirmaré que entender esa decisión como un gesto pacífico es un mito. Fue más un despliegue estratégico de fuerzas que permitió a Israel responder con dureza a la victoria de Hamás, con consecuencias desastrosas para la población de Gaza.

Y, de hecho, el tercer y último mito que analizaré es la proclamación de Israel de que sus acciones desde 2006 formaban parte de una guerra autodefensiva contra el terror. Me atrevería por el contrario a llamarlo, como he hecho en otro lugar, un genocidio paulatino de la población de Gaza.

La victoria de Hamás en las elecciones generales de 2006 desencadenó una ola de reacción islamófoba en Israel. A partir de aquel momento, la demonización de los palestinos como aborrecidos «árabes» se incrementó con la nueva etiqueta de «fanáticos musulmanes». El lenguaje del odio se vio acompañado por nuevas medidas antipalestinas agresivas que agravaron la situación en los territorios ocupados más allá de su estado ya sombrío y atroz.

En el pasado ha habido otros brotes de islamofobia en Israel. El primero fue a finales de la década de 1980, cuando un número muy pequeño de trabajadores palestinos –cuarenta personas de una comunidad de 150.000– participaron en apuñalamientos contra sus patronos y otros transeúntes judíos. A raíz de aquellos ataques, profesores, periodistas y políticos israelíes relacionaron el apuñalamiento con el islam –religión y cultura por igual–, sin ninguna referencia a la ocupación o al mercado de trabajo esclavo que se desarrolló en sus márgenes[1]. Una oleada más severa de islamofobia estalló durante la Segunda Intifada en octubre de 2000. Dado que el levantamiento militarizado estuvo a cargo principalmente de grupos islámicos –especialmente de atacantes suicidas–, para la elite política y los medios israelíes fue más fácil demonizar al «islam» a ojos de muchos israelíes[2]. Una tercera oleada comenzó en 2006, a raíz de la victoria de Hamás en las elecciones al parlamento palestino. Las mismas características de las dos anteriores también fueron evidentes en esta. La característica más sobresaliente es la visión reduccionista de todo lo musulmán, asociándolo con la violencia, el terror y la inhumanidad.

Como he demostrado en mi libro *The Idea of Israel*[3], entre 1948 y 1982 los palestinos fueron demonizados comparándolos

---

[1] Ilan Pappé, «The Loner Desperado: Oppression, Nationalism and Islam in Occupied Palestine», en Marco Demchiles (ed.), *A Struggle to Define a Nation* (de próxima aparición en Gorgias Press).

[2] Pappé, *The Idea of Israel*, cit., pp. 27-47.

[3] *Ibid.*

con los nazis[4]. El mismo proceso de «nazificación» de los palestinos se aplica ahora al islam en general y a los activistas en su nombre en particular. Esto ha continuado siempre que Hamás y su organización hermana, Yihad Islámica, se han involucrado en actividades militares, guerrilleras y terroristas. En efecto, la retórica del extremismo reventó la rica historia del islam político en Palestina así como las actividades sociales y culturales de gran alcance que Hamás ha emprendido desde su creación.

Un análisis más neutral muestra cuán inverosímil es la imagen demonizada de Hamás como un grupo de fanáticos despiadados y enloquecidos[5]. Al igual que otros movimientos del islam político, Hamás reflejaba una compleja reacción local a las duras realidades de la ocupación y una respuesta a los caminos extraviados que habían ofrecido en el pasado las fuerzas palestinas seglares y socialistas. Los que disponían de un análisis más acertado de la situación estaban bien dispuestos para el triunfo de Hamás en las elecciones de 2006, a diferencia de los gobiernos israelí, estadounidense y europeos. Resulta irónico que fueran los expertos y orientalistas, por no mencionar los políticos y los jefes de inteligencia israelíes, quienes más sorprendidos se vieran por los resultados electorales. Lo que más asombró a los grandes expertos israelíes en el islam fue la naturaleza democrática de la victoria. En su lectura colectiva, los fanáticos musulmanes no debían ser ni democráticos ni populares. Estos mismos expertos mostraron una incomprensión similar del pasado. Desde el surgimiento del islam político en Irán y en el mundo árabe, la comunidad de expertos israelíes se había comportado como si ante sus ojos estuviera teniendo lugar algo imposible.

Malentendidos, y por tanto predicciones falsas, han caracterizado la evaluación israelí de los palestinos durante mucho tiempo, especialmente con respecto a las fuerzas políticas islámicas dentro de Palestina. En 1976 el primer gobierno de Rabin permi-

[4] *Ibid.*, pp. 153-78.

[5] Una visión más desprejuiciada sobre Hamás se puede encontrar en Sara Roy, *Hamas and Civil Society in Gaza: Engaging the Islamist Social Sector*, Princeton, Princeton University Press, 2011.

tió que se celebraran elecciones municipales en Cisjordania y la Franja de Gaza. Calcularon, equivocadamente, que en Cisjordania serían elegidos los antiguos cuadros políticos projordanos y en la Franja los proegipcios. El electorado votó abrumadoramente por los candidatos de la OLP[6]. Esto sorprendió a los israelíes, pero no debería haberlo hecho. Después de todo, la expansión del poder y la popularidad de la OLP corrieron paralelas a un esfuerzo concertado de Israel para frenar, si no eliminar, los movimientos seglares y socialistas dentro de la sociedad palestina, ya fuera en los campos de refugiados o dentro de los territorios ocupados. De hecho, Hamás se convirtió en un agente clave en el terreno gracias en parte al apoyo israelí a la construcción de una infraestructura educativa islámica en Gaza como contrapeso al control del movimiento seglar Fatah sobre la población local.

En 2009 Avner Cohen, que servía en la Franja de Gaza en la época en que Hamás comenzó a ganar poder a fines de la década de 1980 y fue responsable de asuntos religiosos en los territorios ocupados, dijo al *Wall Street Journal:* «Tengo que reconocer, muy a mi pesar, que Hamás fue creado por Israel»[7]. Cohen explicaba que Israel ayudó a la organización caritativa al-Mujama al-Islamiya (la «Sociedad Islámica»), fundada por el jeque Ahmed Yassin en 1979, a convertirse en un poderoso movimiento político, del que surgió Hamás en 1987. El jeque Yassin, un clérigo islámico lisiado y ciego, fundó Hamás y fue su líder espiritual hasta su asesinato en 2004. Fue abordado originalmente por Israel con una oferta de ayuda y la promesa de una licencia para expandirse. Los israelíes esperaban que, a través de su trabajo caritativo y educativo, ese líder carismático contrarrestaría el poder de la seglar Fatah en la Franja de Gaza y más allá. Es de destacar que a finales de la década de 1970 Israel, al igual que Estados Unidos y Gran Bretaña, veía en los movimientos nacionales seglares (cuya ausencia hoy lamentan) el peor enemigo de Occidente.

---

[6] Yehuda Lukacs, *Israel, Jordan, and the Peace Process*, Albany, Syracuse University Press, 1999, p. 141.

[7] Citado en Andrew Higgins, «How Israel Helped to Spawn Hamas», *Wall Street Journal*, 24 de enero de 2009.

En su libro *To Know the Hamas*, el periodista israelí Shlomi Eldar cuenta una historia similar sobre los fuertes vínculos entre Yassin e Israel[8]. Con la bendición y el apoyo de Israel, la «Sociedad» abrió en 1979 una universidad, un sistema escolar independiente y una red de clubes y mezquitas. En 2014 el *Washington Post* sacó sus propias conclusiones, muy similares, sobre la estrecha relación entre Israel y la «Sociedad» hasta su transformación en Hamás en 1988[9]. En 1993 Hamás se convirtió en la principal oposición al Acuerdo de Oslo. Mientras todavía había apoyo para Oslo, vio caer su popularidad; pero cuando Israel comenzó a incumplir casi todas las promesas hechas durante las negociaciones, el apoyo a Hamás recibió un nuevo impulso. Particularmente importante fue la política de asentamientos de Israel y su uso excesivo de la fuerza contra la población civil en los territorios ocupados.

Pero la popularidad de Hamás entre los palestinos no dependía únicamente del éxito o fracaso del Acuerdo de Oslo. También conquistó los corazones y las mentes de muchos musulmanes (que constituyen la mayoría en los territorios ocupados) debido al fracaso de la modernidad seglar en encontrar soluciones para las privaciones de la vida diaria bajo la ocupación. Al igual que con otros grupos políticos islámicos en todo el mundo árabe, el fracaso de los movimientos seglares en cuanto a proporcionar empleo, bienestar y seguridad económica, condujo a mucha gente a volver a la religión, que le ofrecía consuelo, además de las redes de solidaridad y caridad. En el conjunto de Oriente Medio, como en el mundo en general, la modernización y la secularización beneficiaron a unos pocos pero dejaron a muchos pobres, infelices y amargados. La religión parecía una panacea, y a veces incluso una opción política.

Hamás se esforzó por ganar una gran parte del apoyo público mientras Arafat todavía estaba vivo, pero su muerte en 2004 creó un vacío que no fue fácil de volver a colmar. El sucesor de

[8] Shlomi Eldar, *[illegible]*, Tel Aviv, Keter, 2012 (en hebreo).

[9] Ishaan Tharoor, «How Israel Helped to Create Hamas», *Washington Post*, 30 de julio de 2014.

Arafat, Mahmud Abás (Abu Mazen) no gozaba de la misma legitimidad y respeto que su predecesor. El hecho de que Arafat fuera deslegitimado por Israel y Occidente, mientras que Abu Mazen fue aceptado como presidente palestino, redujo su popularidad entre la generación más joven, en las áreas rurales subdesarrolladas y en los campos de refugiados empobrecidos. Los nuevos métodos israelíes de opresión introducidos durante la Segunda Intifada –particularmente la construcción del muro, los controles de carretera y los asesinatos selectivos–, disminuyeron aún más el apoyo a la Autoridad Palestina y contribuyeron a aumentar la popularidad y el prestigio de Hamás. Sería justo concluir, pues, que los sucesivos gobiernos israelíes hicieron todo lo posible para dejar a los palestinos sin más opción que confiar y votar por el único grupo preparado para resistir una ocupación descrita por el renombrado autor estadounidense Michael Chabon como «la injusticia más penosa que he visto en mi vida»[10].

La única explicación del ascenso de Hamás ofrecida por la mayoría de los «expertos» israelíes en asuntos palestinos, dentro y fuera del gobierno, apela al modelo neoconservador del «choque de civilizaciones» de Samuel Huntington para entender cómo funciona la historia. Huntington dividía el mundo en dos culturas, racional e irracional, que inevitablemente entraban en conflicto. Al votar por Hamás los palestinos supuestamente demostraban estar en el lado «irracional» de la historia: una posición inevitable dada su religión y cultura. Benjamín Netanyahu lo expresó en términos aún más crudos cuando habló del abismo cultural y moral que separa a ambos pueblos[11].

El fracaso evidente de los grupos e individuos palestinos que se habían destacado en la promesa de negociaciones con Israel mostró claramente que había muy pocas alternativas. En aquella

---

[10] Chabon en una entrevista con *Haaretz*, 25 de abril de 2016.

[11] Para un buen análisis de un estudiante universitario sobre cómo emplea Netanyahu el «choque de civilizaciones», véase Joshua R. Fattal, «Israel vs. Hamas: A Clash of Civilizations?», *The World Post*, 22 de agosto de 2014, en http://www.huffingtonpost.com/joshua-r-fattal/israel-vs-hamas-a-clash-o_b_5699216.html.

situación, el éxito aparente de los grupos militantes islámicos expulsando a los israelíes de la Franja de Gaza parecía ofrecer algunas esperanzas. Sin embargo, hay más que decir al respecto. Hamás está ahora profundamente arraigado en la sociedad palestina gracias a sus genuinos intentos de aliviar el sufrimiento de la gente común ofreciendo educación, cuidados médicos y asistencia social. Igualmente, importante es la posición de Hamás sobre el derecho de retorno de los refugiados de 1948, clara e inequívoca a diferencia de la postura de la AP. Hamás apoya abiertamente este derecho, mientras que la Autoridad Palestina envía mensajes ambiguos, incluido un discurso de Abu Mazen en el que renunciaba a su propio derecho a regresar a Safad, su ciudad natal.

La desconexión israelí fue un acto de paz

La Franja de Gaza asciende a poco más del 2% de la extensión territorial de Palestina. Este pequeño detalle nunca se menciona cuando se habla de la Franja en las noticias, ni se mencionaba en la cobertura por los medios occidentales de los dramáticos acontecimientos en Gaza en el verano de 2014. De hecho, es una parte tan pequeña del país que nunca ha existido como región separada en el pasado. Antes de la sionización de Palestina en 1948, la historia de Gaza no era única ni diferente de la del resto de Palestina y siempre se había relacionado administrativa y políticamente con el resto del país. Como una de las principales puertas terrestres y marítimas de Palestina al mundo, tendía a desarrollar una forma de vida más flexible y cosmopolita, similar a otras sociedades de entrada en el Mediterráneo oriental en la era moderna. Su ubicación en la costa y en la Vía Maris desde Egipto hasta el Líbano trajo consigo prosperidad y estabilidad, hasta que esto se vio interrumpido y casi destruido por la limpieza étnica de Palestina en 1948.

La Franja se creó en los últimos días de la guerra de 1948. Era una zona a la que las fuerzas israelíes empujaron a cientos de miles de palestinos desde la ciudad de Jaffa y sus regiones meridionales hasta la ciudad de Bir-Saba (Beersheba en hebreo). Otros fueron expulsados a la Franja desde pueblos como Majdal (Ashkelon) en 1950, en las fases finales de la limpieza étnica. Una pequeña parte pastoril de Palestina se convirtió así en el campamento de refugiados más grande del mundo y todavía sigue siéndolo hoy día. Entre 1948 y 1967 ese enorme campo de refugiados fue delineado y severamente restringido por las respectivas medidas israelíes y egipcias. Ambos Estados prohibieron cualquier movimiento fuera de la Franja y como consecuencia las condiciones de vida se hicieron cada vez más duras a medida que se multiplicaba el número de habitantes. En vísperas de la ocupación israelí en 1967, la naturaleza catastrófica de esta transformación demográfica forzada era ya evidente. En dos décadas esa zona costera pastoril del sur de Palestina se convirtió en una de las áreas más densamente habitadas del mundo, sin infraestructura económica y ocupacional para mantenerla.

Durante los veinte primeros años de ocupación, Israel permitió algún movimiento fuera del área, que fue acordonada con una cerca. Se permitió a decenas de miles de palestinos unirse al mercado laboral israelí como trabajadores no cualificados y mal pagados. El precio que Israel exigió por esto fue una rendición total, cuyo incumplimiento dio lugar a la supresión de la libre circulación de los trabajadores. En el periodo previo al Acuerdo de Oslo en 1993, Israel intentó configurar la Franja como un enclave, que los partidarios de la paz esperaban que se autonomizara o se convirtiera en parte de Egipto. Mientras tanto, el campo nacionalista y de derechas deseaba incluirlo en el *Eretz Israel* que pretendía establecer en toda Palestina.

El acuerdo de Oslo permitió a los israelíes reafirmar el estatus de la Franja como entidad geopolítica separada, no solo fuera de Palestina en su conjunto, sino también con respecto a Cisjordania. Ostensiblemente, ambos territorios estaban bajo el control de la Autoridad Palestina, pero cualquier movimiento humano entre ellos dependía de la buena voluntad de Israel. Esta era una característica rara en aquellas circunstancias, que casi desapareció cuando Netanyahu llegó al poder en 1996. Al mismo tiempo Israel controlaba, como lo hace todavía hoy, la infraestructura hídrica y eléctrica. Desde 1993 ha utilizado ese control para garantizar el bienestar de la comunidad de colonos judíos, por un lado, y para chantajear a la población palestina para que se someta, por otro. En los últimos años la población de la Franja tuvo que elegir entre ser internados, rehenes o prisioneros en un espacio humano imposible.

Es en ese contexto histórico en el que deberíamos situar los violentos enfrentamientos entre Israel y Hamás desde 2006. A la luz de ese contexto, debemos rechazar la descripción de las acciones israelíes como parte de una «guerra contra el terror» o como una «guerra de autodefensa». Tampoco debemos aceptar la descripción de Hamás como una extensión de al-Qaeda, como parte de la red del Estado Islámico, o como un peón en un complot sedicioso iraní para controlar la región. Si hay un lado rechazable en la actuación de Hamás en Gaza, se encuentra en las primeras acciones del grupo contra otras facciones palestinas en los años 2005 a 2007. El choque principal fue con Fatah en la Franja de Gaza, y ambas partes contribuyeron a la fricción que finalmente estalló en una guerra civil abierta, después de que Hamás ganara las elecciones legislativas en 2006 y formara un gobierno con un ministro propio responsable de las fuerzas de seguridad. En un intento de debilitar a Hamás, el presidente Abbas transfirió esa responsabilidad al jefe del servicio secreto palestino, un miembro de Fatah, a lo que Hamás respondió estableciendo sus propias fuerzas de seguridad en la Franja.

En diciembre de 2006, una refriega en el cruce de Rafah entre la Guardia Presidencial y las fuerzas de seguridad de Hamás desencadenó un enfrentamiento violento que duraría hasta el verano de 2007. La Guardia Presidencial era una unidad militar de Fatah con 3.000 efectivos, compuesta principalmente por tropas leales a Abbas. Había sido entrenada por asesores estadounidenses en Egipto y Jordania (Washington había asignado casi 60 millones de dólares para su mantenimiento). El incidente fue provocado por la negativa de Israel a permitir al primer ministro de Hamás, Ismail Haniyeh, la entrada a la Franja: llevaba donaciones en efectivo del mundo árabe, valoradas en decenas de millones de dólares. Las fuerzas de Hamás asaltaron el control fronterizo, vigilado por la Guardia Presidencial, y estalló la batalla entre ambas[12].

La situación se deterioró rápidamente a partir de entonces. El automóvil de Haniyeh fue atacado después de cruzar a la Franja. Hamás culpó a Fatah por el ataque. También estallaron enfrentamientos en la Franja y en Cisjordania. Aquel mismo mes, la Autoridad Palestina decidió destituir el gobierno dirigido por Hamás y lo reemplazó por un gabinete de emergencia. Esto provocó los enfrentamientos más graves entre las dos partes, que duraron hasta finales de mayo de 2007, dejando docenas de muertos y muchos heridos (se estima que murieron 120 personas). El conflicto solo terminó cuando el gobierno de Palestina se dividió en dos: uno en Ramala y otro en Gaza.

Aunque ambas partes eran responsables de la carnicería, también hubo (como hemos sabido en los documentos sobre Palestina filtrados a Al Jazeera en 2007) un factor externo que enfrentó a Fatah contra Hamás. La idea de evitar un posible bastión de Hamás en la Franja de Gaza, una vez que los israelíes se retiraron, fue sugerida a Fatah ya en 2004 por la agencia de inteligencia británica MI6, que elaboró un plan de seguridad destinado a «alentar y habilitar a la Autoridad Palestina para cumplir plenamente con sus obligaciones de seguridad […] degradando la capacidad de los opositores (que más adelante los documentos nombran como Hamás)»[13]. El primer ministro británico en aquel momento, Tony Blair, había mostrado un interés especial por la cuestión palestina, esperando lograr un efecto que justificara o absolviera su desastrosa aventura en Iraq. *The Guardian* resumió su participación como un aliento a Fatah para que tomara medidas duras contra Hamás[14]. Consejos similares fueron transmitidos a Fatah por Israel y Estados Unidos, en un intento por evitar

---

[12] Ibrahim Razzaq, «Reporter's Family was Caught in the Gunfire», *Boston Globe*, 17 de mayo de 2007, uno de los muchos testimonios de aquellos difíciles días.

[13] «Palestine Papers: UK's MI6 "tried to weaken Hamas"», BBC News, 25 de enero de 2011, en bbc.co.uk.

[14] Ian Black, «Palestine Papers Reveal MI6 Drew up Plan for Crackdown on Hamas», *Guardian*, 25 de enero de 2011.

que Hamás se hiciera cargo de la Franja de Gaza. Sin embargo, las cosas se pusieron feas y el plan preventivo resultó contraproducente en varios aspectos.

Fue en parte una lucha entre políticos democráticamente elegidos y otros a los que todavía les resultaba difícil aceptar el veredicto de la opinión pública; pero eso no era todo. Lo que se desarrolló en Gaza fue una batalla entre las marionetas locales de Estados Unidos y de Israel, principalmente miembros de Fatah y la AP, la mayoría de los cuales se convirtieron involuntariamente en sus representantes pero que bailaban al ritmo que marcaba Israel, y los que se oponían a ellos. La forma en que Hamás actuó contra otras facciones fue luego correspondida por las acciones que la Autoridad Palestina emprendió contra ellos en Cisjordania. Resultaría muy difícil condonar o aplaudir las acciones de unos o de otros, pero cabe entender por qué los palestinos seglares se oponían a la creación de una teocracia y, como en muchas otras zonas de Oriente Medio, la lucha sobre el papel de la religión y la tradición en la sociedad también seguirá en Palestina. Sin embargo, por el momento, Hamás disfruta del apoyo, y en muchos sentidos de la admiración de muchos palestinos seglares por el vigor de su lucha contra Israel. De hecho, esa lucha es el verdadero problema. Según la narrativa oficial, Hamás es una organización terrorista que prepara actos feroces contra un Israel pacífico que se ha retirado de la Franja de Gaza. ¿Pero lo hizo verdaderamente por un afán de paz? La respuesta es un rotundo no.

Para entender mejor el problema, debemos volver al 18 de abril de 2004, un día después de que el líder de Hamás Abdul Aziz al-Rantissi fuera asesinado. Aquel mismo día Yuval Steinitz, presidente del comité de defensa y asuntos exteriores en la Knéset y un antiguo colaborador de Benjamin Netanyahu, fue entrevistado en la radio israelí. Antes de convertirse en político, había enseñado filosofía occidental en la Universidad de Haifa. Steinitz afirmaba que su visión del mundo se debía sobre todo a Descartes, pero como político estaba al parecer más influido por los nacionalistas románticos tales como Gobineau y Fichte, que hacían hincapié en la pureza de la raza como condición previa para la excelencia nacional[15]. La traducción de estas nociones europeas de la superioridad racial al contexto israelí se hizo evidente tan pronto como el entrevistador le preguntó acerca de los planes del gobierno para el resto de los líderes palestinos. Entrevistador y entrevistado soltaron una risita cuando se mostraron de acuerdo en que el plan debía involucrar el asesinato o la expulsión de la totalidad de los dirigentes, es decir, de todos los miembros de la Autoridad Palestina: unas 40.000 personas. «Me siento muy feliz –dijo Steinitz–, de que los estadounidenses hayan vuelto a la normalidad y apoyen plenamente nuestros planes»[16]. Aquel mismo día Benny Morris, de la Universidad Ben-Gurion, repitió su apoyo a la limpieza étnica de los palestinos, afirmando que era la mejor forma de resolver el conflicto[17].

Las ideas que antes se consideraban marginales, y en el peor de los casos demenciales, estaban ahora en el corazón del consenso judío israelí, diseminadas por académicos en programas de televisión de máxima audiencia como la única verdad posible. En 2004 Israel era una sociedad paranoica, decidida a poner fin al conflicto por la fuerza y la destrucción, cualquiera que fuera el coste para su sociedad o sus posibles víctimas. A menudo esa elite solo contaba con el apoyo de la administración estadounidense y las elites políticas occidentales, mientras que el resto de los observadores más conscientes observaban impotentes y desconcertados. Israel era como un avión que volara con piloto automático; el itinerario y la velocidad estaban planeados de antemano; el destino era la creación de un Gran Israel, que incluiría la mitad de Cisjordania y una pequeña parte de la Franja de Gaza (llegando en total a casi el 90% de la Palestina histórica). Un Gran Israel sin presencia palestina, con altos muros que lo separaran de la población indígena, que iba a ser apiñada en dos

---

[15] Una muestra de sus puntos de vista se puede encontrar en Yuval Steinitz, «How Palestinian Hate Prevents Peace», *New York Times*, 15 de octubre de 2013.

[16] Reshet Bet, *Israel Broadcast*, 18 de abril de 2004.

[17] Benny Morris, Channel One, 18 de abril de 2004, y véase Joel Beinin, «No More Tears: Benny Morris and the Road Back from Liberal Zionism», MERIP, 230 (primavera de 2004).

enormes campos de prisioneros en Gaza y lo que quedaba de Cisjordania. En esa visión, los palestinos que permanecieran en Israel podrían unirse a los millones de refugiados que languidecen en los campos o someterse a un sistema de *apartheid* regido por la discriminación y el abuso.

Aquel mismo año de 2004 los estadounidenses supervisaron lo que llamaban la Hoja de Ruta para la paz, una idea ridícula presentada inicialmente en el verano de 2002 por el presidente Bush, y aún más descabellada que el Acuerdo de Oslo. La idea era ofrecer a los palestinos un plan de recuperación económica y una reducción de la presencia militar israelí en parte de los territorios ocupados durante unos tres años, tras lo cual una segunda cumbre pondría fin de alguna manera a la confrontación de una vez y para siempre.

En muchos países del mundo occidental, los medios tomaron la Hoja de Ruta y la visión israelí de un Gran Israel (incluidos los enclaves palestinos autónomos) como una y la misma cosa, presentando ambos como el ofrecimiento de la única ruta segura hacia la paz y la estabilidad. La misión de hacer realidad esta visión se encomendó al llamado Cuarteto (también conocido como el Cuarteto de Oriente Medio, o a veces el Cuarteto de Madrid), creado en 2002 para permitir que las Naciones Unidas, Estados Unidos, Rusia y la UE trabajaran juntos por la paz en Israel-Palestina. Tratándose esencialmente de un cuerpo coordinador formado por los ministros de Exteriores de los cuatro miembros, el Cuarteto cobró más actividad en 2007 cuando designó a Tony Blair como su enviado especial para Oriente Medio. Blair alquiló como cuartel general toda la nueva ala del legendario hotel American Colony en Jerusalén, lo que, al igual que el salario de Blair, suponía una costosa operación sin resultados tangibles.

Los portavoces del Cuarteto esgrimían un discurso que incluía [illegible] una retirada total de Israel, el fin de los asentamientos judíos y una solución de dos Estados, lo que mantenía la esperanza de algunos observadores que todavía creían que esas perspectivas tenía sentido. Sin embargo, sobre el terreno, la Hoja de Ruta, al igual que el Acuerdo de Oslo, permitió a Israel continuar aplicando su plan unilateral de crear el Gran Israel. La diferencia era que esta vez su arquitecto era Ariel Sharon, un político mucho más centrado y decidido que Rabin, Peres o Netanyahu. Empleó una táctica sorprendente que muy pocos habrían podido predecir: ofreció desalojar los asentamientos israelíes de la Franja de Gaza. Sharon lanzó esa propuesta en 2003 y luego presionó a sus colegas para que la adoptaran, lo que hicieron al cabo de un año y medio. En 2005 se envió al ejército para que desalojara por la fuerza a los judíos renuentes.

Los sucesivos gobiernos israelíes habían sido muy claros acerca del futuro de Cisjordania, aunque no estaban tan seguros de lo que debía suceder con la Franja de Gaza. La estrategia para Cisjordania era asegurar que permaneciera bajo el dominio israelí, directo o indirecto. La mayoría de los gobiernos desde 1967, incluido el de Sharon, esperaban que ese dominio se mantuviera como parte de un «proceso de paz». Cisjordania podría convertirse en un Estado en esta visión, siempre que se tratara de un bantustán. Esa era la vieja idea de Yigal Alon y Moshe Dayan desde 1967; las áreas densamente pobladas por palestinos deberían ser controladas desde el exterior. Pero las cosas eran diferentes en lo que se refería a la Franja de Gaza. Sharon había estado de acuerdo con la decisión original de los gobiernos anteriores, en su mayoría laboristas, de enviar colonos al corazón de la Franja de Gaza, del mismo modo que apoyó la construcción de asentamientos en la Península de Sinaí, que fueron desalojados al final bajo el acuerdo de paz bilateral con Egipto. Ya en el siglo XXI llegó a aceptar los puntos de vista pragmáticos de los principales miembros de los partidos del Likud y Laborista sobre la posibilidad de abandonar Gaza para poder mantener Cisjordania[18].

Antes del proceso de Oslo, la presencia de colonos judíos en la Franja no complicaba las cosas, pero una vez que surgió la nueva idea de una Autoridad Palestina, se convirtió en un lastre para Israel en lugar de un activo. Como consecuencia, muchos políticos israelíes, incluso los que no asumieron inmediatamente

---

[18] Ari Shavit, «PM Aide: Gaza Plan Aims to Freeze the Peace Process», *Haaretz*, 6 de octubre de 2004.

la idea del desalojo, buscaban formas de sacar a la Franja de sus mentes y corazones. Esto se hizo evidente cuando, después de la firma del Acuerdo, la Franja quedó rodeada por una cerca de alambre de púas y el paso de los trabajadores de Gaza a Israel o hacia Cisjordania severamente restringido. Estratégicamente, en la nueva configuración era más fácil controlar Gaza desde fuera, pero esto no era del todo posible mientras permaneciera dentro la comunidad de colonos.

Una solución era dividir la Franja en un área judía, con acceso directo a Israel, y un área palestina. Esto funcionó bien hasta el estallido de la Segunda Intifada. El camino que conectaba los nuevos asentamientos, llamado Gush Qatif, era un blanco fácil para el levantamiento. La vulnerabilidad de los colonos quedaba claramente expuesta. Durante aquel conflicto, las tácticas del ejército israelí incluyeron bombardeos masivos y la destrucción de bolsas rebeldes palestinas, que en abril de 2002 llevaron a la masacre de palestinos inocentes en el campo de refugiados de Jenin. Esas tácticas no se aplicaban tan fácilmente en la densa Franja de Gaza debido a la presencia de los colonos judíos. No fue una sorpresa, pues, que un año después del asalto militar más brutal a Cisjordania, la operación «Escudo Defensivo», Sharon contemplara la retirada de los colonos de Gaza para facilitar una política de represalias. En 2004, sin embargo, incapaz de aplicar por la fuerza su voluntad política en la Franja, propuso una serie de asesinatos de líderes de Hamás. Sharon esperaba condicionar el futuro con los asesinatos de los dos líderes principales, Abdul al-Rantisi y el jeque Ahmed Yassin (asesinados el 17 de abril y el 22 de marzo de 2004). Hasta una fuente tan sobria como *Haaretz* suponía que después de esos asesinatos Hamás perdería su base de poder en la Franja de Gaza y se vería reducido a una presencia ineficaz en Damasco, donde, en caso de considerarlo necesario, Israel también lo atacaría. El periódico también se mostró impresionado por el apoyo estadounidense a los asesinatos (aunque más adelante ni el periódico ni los estadounidenses apoyarían tanto esa política)[19].

[19] *Haaretz*, 17 de abril de 2004.

Estos asesinatos tuvieron lugar antes de que Hamás ganara las elecciones de 2006 y se adueñara de la Franja de Gaza. Con otras palabras, la política israelí no perjudicó a Hamás; por el contrario, aumentó su popularidad y poder. Sharon quería que la Autoridad Palestina tomara el control de Gaza y lo tratara como al Área A en Cisjordania; pero ese deseo no se materializó, de modo que Sharon tenía que lidiar con Gaza de una u otra manera: o bien retirar a los residentes judíos para poder tomar represalias contra Hamás sin el riesgo de herir a ciudadanos israelíes, o abandonar por completo la región para resituar sus esfuerzos en la anexión de Cisjordania o parte de ella. Para asegurar que la segunda alternativa fuera comprendida internacionalmente, Sharon orquestó una farsa en la que todos cayeron. Cuando comenzó a hacer comentarios sobre el desalojo de los colonos de la Franja, Gush Emunim comparó aquella iniciativa con el Holocausto y organizó un verdadero espectáculo para la televisión cuando fueron desalojados físicamente de sus hogares. Parecía que había una guerra civil en Israel entre los que apoyaban a los colonos y la izquierda, incluidos formidables enemigos de Sharon en el pasado, que apoyaban ahora su plan entendiéndolo como una iniciativa de paz[20].

En el propio Israel, esa iniciativa debilitó, y en algunos casos borró por completo, las voces disidentes. Sharon manifestó que con la retirada de Gaza y el ascenso de Hamás allí, no tenía sentido impulsar grandes ideas como el Acuerdo de Oslo. Sugirió que por el momento se mantuviera el *statu quo*, y su sucesor después de su enfermedad terminal en 2007, Ehud Olmert, estuvo de acuerdo. Había que contener a Hamás en Gaza, pero no había prisa por encontrar una solución para Cisjordania. Olmert llamó unilateralismo a esa política: dado que en un futuro cercano no habría negociaciones significativas con los palestinos, Israel debía decidir unilateralmente qué partes de Cisjordania quería anexionarse y qué partes podrían ser gestionadas de manera autónoma por la Autoridad Palestina. Entre los responsables polí-

---

[20] I. Pappé, «Revisiting 1967: The False Paradigm of Peace, Partition and Parity», *Settler Colonial Studies*, 3: 3-4 (2013)

ticos israelíes había consenso en que, si no en declaraciones públicas, al menos como realidad sobre el terreno, ese curso de acción sería aceptable tanto para el Cuarteto como para la Autoridad Palestina. Hasta ahora, parece funcionar.

Sin una fuerte presión internacional y con una AP débil como vecino, la mayoría de los israelíes no creen que la estrategia hacia Cisjordania sea un problema de gran interés. Como se ha demostrado en las campañas electorales desde 2005, la sociedad judía prefiere debatir cuestiones socioeconómicas, el papel de la religión en la sociedad y la guerra contra Hamás y Hezbolá. El principal partido de oposición, el Laborista, ha compartido más o menos la visión del gobierno de coalición, por lo que ha estado tanto dentro como fuera del gobierno desde 2005. Cuando se trataba de Cisjordania, o de la solución a la cuestión palestina, la sociedad judía israelí parecía haber alcanzado un consenso. Lo que consolidó esa sensación de consenso fue el desalojo de los colonos de Gaza por la administración derechista de Sharon. Para los que se consideraban a la izquierda del Likud, la iniciativa de Sharon fue un gesto de paz y una valiente confrontación con los colonos. Se convirtió en un héroe de la izquierda y también del centro y la derecha moderada, como De Gaulle cuando sacó a los *pied noirs* de Argelia para alcanzar la paz. La reacción palestina en la Franja de Gaza y las críticas de la AP a las políticas israelíes desde entonces fueron entendidas como prueba de la ausencia de cualquier socio palestino serio o fiable para la paz.

Aparte de valientes periodistas como Gideon Levy y Amira Hass en *Haaretz*, de algunos miembros del pequeño partido sionista de izquierda Meretz y de algunos grupos antisionistas, la sociedad judía en Israel enmudeció efectivamente, dando a los gobiernos desde 2005 carta blanca para aplicar a los palestinos cualquier política que consideran adecuada. Por eso en el movimiento de protesta de 2011 que galvanizó a medio millón de israelíes (de una población de 7 millones) contra las políticas gubernamentales, la ocupación y sus horrores no fueron mencionados como parte de la agenda. Esa ausencia de cualquier el discurso o crítica pública ya le había permitido a Sharon en su último año en el poder, 2005, autorizar más asesinatos de palestinos desarmados y, mediante toques de queda y largos periodos de cierre, hambrear a la sociedad bajo ocupación. Y cuando los palestinos de los territorios ocupados se rebelaban ocasionalmente el gobierno tenía ahora licencia para reaccionar con mayor fuerza y determinación.

Los gobiernos estadounidenses anteriores habían apoyado las políticas israelíes independientemente de cómo afectaran o fueran percibidas por los palestinos. Este apoyo, sin embargo, solía requerir negociación y algún que otro toma y daca. Incluso después del estallido de la Segunda Intifada, en octubre de 2000, en Washington hubo quienes trataron de distanciar a Estados Unidos de la respuesta de Israel al levantamiento. Durante un tiempo, los estadounidenses parecieron incómodos por el hecho de que fueran asesinados varios palestinos cada día, y de que buen número de las víctimas fueran niños. También había cierta incomodidad por el uso de castigos colectivos, demoliciones de casas y arrestos sin juicio por parte de Israel. Pero se fueron acostumbrando a todo eso, y cuando el consenso judío israelí sancionó el asalto a Cisjordania en abril de 2002 –un episodio de crueldad sin precedentes en la despiadada historia de la ocupación–, el gobierno estadounidense se opuso tan solo a los actos unilaterales de anexión y asentamiento expresamente prohibidos en la Hoja de Ruta patrocinada por la UE y Estados Unidos.

En 2004, Sharon solicitó el apoyo de Estados Unidos y el Reino Unido a la colonización en Cisjordania a cambio de la retirada de la Franja de Gaza, y lo consiguió. Su plan, que pasó en Israel por un plan de paz consensuado, fue en un principio rechazado por Estados Unidos como improductivo (el resto del mundo lo condenó en términos más fuertes). Los israelíes, sin embargo, esperaban que la similitud entre la conducta estadounidense y británica en Iraq y la de Israel en Palestina llevaría a Estados Unidos a cambiar de posición, y tenían razón. Vale la pena señalar que hasta el último momento Washington vaciló antes de darle a Sharon luz verde para la retirada de Gaza. El 13 de abril de 2004 se desarrolló una extraña escena en la pista de aterrizaje del aeropuerto Ben-Gurion. El avión del primer ministro se mantuvo estacionado durante unas horas después de la que tenía programada para partir. Dentro, Sharon se había negado a permitir que despegara hacia Washington hasta obtener la aprobación para su nuevo plan de desconexión, apoyado por el presidente Bush. Lo que sus asesores encontraron difícil de digerir fue la carta que Sharon le había pedido a Bush que firmara como parte del respaldo estadounidense, que incluía una promesa de no presionar a Israel en el futuro sobre avances en el proceso de paz y de excluir de cualquier negociación futura el derecho de retorno. Sharon convenció a los ayudantes de Bush de que no podría unir a la opinión pública israelí tras su programa de desconexión sin el apoyo estadounidense[21].

En el pasado, por lo general, a los funcionarios estadounidenses les llevaba un tiempo someterse a la necesidad de consenso de los políticos israelíes. Esta vez solo llevó tres horas. Ahora sabemos que había otra razón para la sensación de urgencia de Sharon: sabía que la policía lo estaba investigando por graves acusaciones de corrupción y necesitaba persuadir al público israelí para que confiara en él frente a un eventual caso judicial. «Cuanto más amplia es la investigación, más amplia es la desconexión», dijo el miembro izquierdista de la Knéset Yossi Sarid, refiriéndose a la relación entre los problemas de Sharon y su compromiso con la retirada[22]. Al gobierno estadounidense le debería haber llevado mucho más tiempo llegar a una decisión. Esencialmente, Sharon le pedía al presidente Bush que renunciara a casi todos los compromisos que los estadounidenses habían asumido con respecto a Palestina. El plan ofrecía una retirada israelí de Gaza y el cierre del puñado de asentamientos allí, así como de otros varios en Cisjordania, a cambio de la anexión a Israel de la mayoría de los asentamientos en Cisjordania. Los estadounidenses también sabían muy bien cómo encajaba otra pieza crucial en aquel rompecabezas. Para Sharon, la anexión de las partes de Cisjordania que codiciaba solo podría llevarse a

[21] Para un excelente análisis escrito aquel mismo día, véase Ali Abunimah, «Why All the Fuss About the Bush-Sharon Meeting», *Electronic Intifada*, 14 de abril de 2004.

[22] Citado en *Yediot Ahronoth*, 22 de abril de 2004.

cabo con la finalización del muro que Israel había comenzado a construir en 2003, dividiendo en trozos la parte palestina de Cisjordania. No había previsto la objeción internacional: el muro se convirtió en el símbolo más emblemático de la ocupación, en la medida en que el Tribunal Internacional de Justicia dictaminó que constituía una violación de los derechos humanos. El tiempo dirá si fue o no un hito significativo[23].

Mientras Sharon esperaba en su avión, Washington dio su *placet* a un plan que dejaba la mayor parte de Cisjordania en manos israelíes y todos los refugiados en el exilio, y tácitamente aprobó el muro de separación. Sharon eligió al presidente estadounidense ideal como aliado potencial para sus nuevos planes. George W. Bush estaba muy influido por los sionistas cristianos, y tal vez compartía su opinión de que la presencia de los judíos en Tierra Santa formaba parte del cumplimiento de un escenario apocalíptico que podría anunciar la Segunda Venida de Cristo. Sus asesores neoconservadores menos religiosos se sintieron impresionados por la guerra contra Hamás que acompañaba las promesas israelíes de desalojo y paz. El aparente éxito de las operaciones israelíes –sobre todo de los asesinatos selectivos en 2004– era una prueba por delegación de que la propia «guerra contra el terrorismo» de Estados Unidos debía triunfar. En realidad, el «éxito» de Israel era una distorsión cínica de los hechos sobre el terreno. El relativo descenso de la actividad guerrillera y terrorista palestina se logró mediante toques de queda y cierres, confinando a más de 2 millones de personas en sus hogares, sin trabajo o comida, por periodos prolongados de tiempo. Hasta los neoconservadores deberían haber comprendido que eso no iba a proporcionar una solución a largo plazo a la hostilidad y la violencia provocadas por una potencia ocupante, ya fuera en Iraq o en Palestina.

El plan de Sharon fue aprobado por los expertos de Bush, quienes pudieron presentarlo como otro paso hacia la paz y uti-

[23] Véase «Legal Consequences of the Construction of a Wall in the Occupied Palestinian Territory», en el sitio web del TIJ, www.icj-cij.org/docket/index.php?p1=3&p2=4&case=131&p3=4.

lizarlo para distraer la atención de la creciente debacle en Iraq. Probablemente también era aceptable para los más imparciales, que estaban tan desesperados por ver algún progreso que prefirieron pensar que el plan ofrecía una oportunidad para la paz y un futuro mejor. Esa gente olvidó hace mucho tiempo cómo distinguir entre el fascinante poder del lenguaje y la realidad que pretende describir. Siempre y cuando el plan contuviera el término mágico de «retirada», lo considerarían esencialmente bueno incluso periodistas estadounidenses habitualmente juiciosos, así como los líderes del Partido Laborista Israelí (empeñado en unirse al gobierno de Sharón en nombre del consenso sagrado) y el recién elegido líder del partido Meretz de la izquierda israelí, Yossi Beilin[24].

A finales de 2004 Sharon sabía que no tenía ningún motivo para temer la presión externa. Los gobiernos de Europa y Estados Unidos no estaban dispuestos o eran incapaces de detener la ocupación y de evitar una mayor destrucción de los palestinos. Los israelíes dispuestos a participar en movimientos contra la ocupación eran muy pocos y se sentían desmoralizados frente al nuevo consenso. No es de extrañar que, en aquel momento, las sociedades civiles en Europa y en Estados Unidos se despertaran ante la posibilidad de jugar un papel importante en el conflicto y se galvanizaran en torno a la idea del movimiento Boicot, Desinversiones y Sanciones. Un buen número de organizaciones, sindicatos e individuos emprendieron así un nuevo esfuerzo público, comprometiéndose a hacer todo lo posible para que los israelíes entiendan que planes como el de Sharon conllevan un precio.

Desde entonces en Occidente se han intentado todos los medios posibles, desde el boicot académico hasta las sanciones económicas. El mensaje interno también era claro: sus gobiernos no eran menos responsables que Israel de las catástrofes pasadas, presentes y futuras del pueblo palestino. El movimien-

[24] Al principio, en marzo de 2004, Beilin estaba en contra de la desconexión, pero desde julio de 2004 la apoyó abiertamente (entrevista de Channel One, 4 de julio de 2004).

to BDS exigió una nueva política para contrarrestar la estrategia unilateral de Sharon, no solo por razones morales o históricas, sino también por la seguridad e incluso supervivencia de Occidente. Como ha mostrado tan dolorosamente la violencia desde los acontecimientos del 11 de septiembre de 2001, el conflicto palestino ha socavado el tejido multicultural de la sociedad occidental, al distanciar cada vez más a Estados Unidos del mundo musulmán promoviendo una relación de pesadilla. Ejercer presión sobre Israel parecía un pequeño precio a pagar en aras de la paz global, la estabilidad regional y la reconciliación en Palestina.

Así pues, la retirada israelí de Gaza no formaba parte de un plan de paz. Según la narrativa oficial fue un gesto de paz al que los ingratos palestinos respondieron, primero eligiendo a Hamás y luego lanzando misiles contra Israel. Ergo no tenía sentido ninguna otra retirada de ningún territorio palestino ocupado. Todo lo que Israel podía hacer era defenderse. Además, el «trauma» que «casi condujo a una guerra civil» debía persuadir a la sociedad israelí de que aquel episodio no debía volver a repetirse.

¿Fue la Guerra de Gaza una guerra de autodefensa?

Aunque he sido coautor (con Noam Chomsky) de un libro con el título *Gaza in Crisis: Reflections on Israel's War Against the Palestinians*, no estoy seguro de que «guerra» sea el término correcto para describir lo que sucedió en los diversos ataques israelíes contra la Franja desde 2006. De hecho, después del inicio de la Operación Plomo Fundido en 2009, he optado por llamar a la política israelí «genocidio paulatino». Dudé antes de usar ese término tan cargado, pero lo reitero, al no haber encontrado otro que describa con precisión lo que viene sucediendo allí. Dado que las respuestas que recibí, entre otras de destacados activistas por los derechos humanos, indicaban cierta inquietud por el uso del término, me incliné por un tiempo a reconsiderarlo, pero volví a emplearlo recientemente con una convicción aún más fuerte: es la única forma apropiada de describir lo que el ejército israelí viene haciendo en la Franja de Gaza desde 2006.

El 28 de diciembre de 2006 la organización israelí de derechos humanos B'Tselem publicó su informe anual sobre las atrocidades cometidas en los territorios ocupados. Durante aquel año las fuerzas israelíes mataron a 660 ciudadanos, más del triple que el año anterior, cuando murieron alrededor de 200 palestinos. Según B'Tselem, en 2006 había entre los muertos 141 niños. La mayoría de las víctimas eran de la Franja de Gaza, donde las fuerzas israelíes destruyeron casi 300 casas y aplastaron familias enteras. Eso significa que desde 2000 casi 4.000 palestinos han sido asesinados por las fuerzas israelíes, la mitad de ellos niños; hubo también más de 20.000 heridos[25].

B'Tselem es una organización conservadora, por lo que los números reales de los muertos y heridos pueden ser más altos. Sin embargo, la cuestión no es solo la escalada de asesinatos intencionados, sino la estrategia que hay detrás de tales actos. Durante la última década los responsables políticos israelíes se enfrentaron a dos realidades muy diferentes en Cisjordania y la Franja de Gaza. En la primera estaban más cerca que nunca de completar la construcción de su frontera oriental. El debate ideológico interno había terminado y el plan maestro para anexarse la mitad de Cisjordania se estaba llevando a cabo con un ritmo creciente. La última fase se retrasó debido a las promesas hechas por Israel, en virtud de los términos de la Hoja de Ruta, de no construir ningún nuevo asentamiento. Pero los políticos encontraron pronto dos formas de eludir esta supuesta prohibición. Primero redefinieron un tercio de Cisjordania como parte del Gran Jerusalén, lo que les permitió construir ciudades y centros comunitarios dentro de esa nueva área anexionada. En segundo lugar, ampliaron los asentamien-

---

25 Véanse las estadísticas en el sitio web de B'Tselem, www.btselem.org/statistics/fatalities/.../palestinians-killed-by-israeli-security-forces; para el periodo de 2000 a 2008 véase www.btselem.org/statistics/fatalities/before-cast-lead/by-date-of-event.

tos antiguos en tal medida que no hubo necesidad de construir otros nuevos.

En general, los asentamientos, las bases del ejército, las carreteras y el muro permitieron que Israel se anexionara casi la mitad de la Ribera Occidental cuando lo consideró necesario. Dentro de esos territorios vivía un número considerable de palestinos contra los que las autoridades israelíes siguieron aplicando medidas de transferencia lentas e insidiosas. Este era un tema demasiado aburrido para que los medios occidentales se ocuparan de él y demasiado elusivo para que las organizaciones de derechos humanos realizaran una observación general al respecto. No hubo prisa en lo que concierne a los israelíes, que tenían todas las ventajas: el abuso diario y la deshumanización ejercida por el mecanismo dual del ejército y la burocracia fueron tan efectivos como siempre en su contribución al proceso de desposesión.

El pensamiento estratégico de Sharon fue aceptado por todos los que se incorporaron a su último gobierno, así como al de su sucesor Ehud Olmert. Sharon incluso abandonó el Likud y fundó un partido centrista, Kadima, que reflejaba ese consenso político hacia los territorios ocupados[26]. Por otro lado, ni Sharon ni nadie que lo siguiera podía ofrecer una estrategia clara de Israel frente a la Franja de Gaza. A ojos de los israelíes, la Franja es una entidad geopolítica muy diferente a Cisjordania. Permanece en manos de Hamás, mientras que la Autoridad Palestina parece dirigir la fragmentada Cisjordania con las bendiciones israelíes y estadounidenses. En la Franja no hay ninguna porción de tierra que Israel codicie y no hay un exterior, como Jordania, adonde se pueda expulsar a los palestinos. La limpieza étnica como medio de solución es ineficaz ahí.

La primera estrategia adoptada en la Franja fue la guetización de los palestinos, pero no acababa de funcionar. La comunidad sitiada expresó su voluntad de vivir lanzando misiles primitivos contra Israel. El siguiente ataque contra esta comunidad fue aún

---

[26] Leslie Susser, «The Rise and Fall of the Kadima Party», *Jerusalem Post*, 8 de agosto de 2012.

más horrible y bárbaro. El 12 de septiembre de 2005 las fuerzas israelíes abandonaron la Franja de Gaza. Simultáneamente, el ejército israelí invadió la ciudad de Tul-Karim, realizó arrestos a gran escala, especialmente activistas de la Yihad Islámica, un aliado de Hamás, y mató a algunos de sus habitantes. La organización lanzó nueve misiles que no mataron a nadie. Israel respondió con la Operación «Primera Lluvia»[27]. Vale la pena detenerse durante un minuto sobre la naturaleza de esa operación. Inspirada en medidas punitivas adoptadas primero por las potencias colonialistas, luego por las dictaduras, contra las comunidades rebeldes cercadas o desterradas, «Primera Lluvia» comenzó con el vuelo de jets supersónicos sobre Gaza para aterrorizar a toda la población, al que siguió el intenso bombardeo de vastas áreas desde tierra, mar y aire. La lógica, explicaron los portavoces del ejército israelí, era crear una presión que debilitara el apoyo de la comunidad a los lanzadores de cohetes[28]. Como era de esperar, y no solo por los israelíes, aquella operación no hizo más que aumentar el apoyo a los combatientes y dio un impulso adicional a su siguiente intento. El verdadero propósito de la operación era experimental. Los generales israelíes querían saber cómo se recibirían en el país tales operaciones, así como en la región en general y en el resto del mundo. Como la condena internacional resultó ser muy limitada y de corta duración, quedaron satisfechos con el resultado.

Desde «Primera Lluvia», todas las operaciones posteriores han seguido una pauta similar. La diferencia ha estado en su escalada: más potencia de fuego, más bajas y más daños colaterales, y tal como se esperaba, más misiles Qassam como respuesta. Después de 2006, cuando los israelíes emplearon los medios más despiadados para imponer un estrecho cerco a la gente de la Franja mediante el boicot y el bloqueo, se agregó otra dimensión. La captura del soldado de las FDI Gilad Shalit

[27] John Dugard, *Report of the Special Rapporteur on the Situation of the Human Rights in the Palestinian Territories Occupied by Israel since 1967*, UN Commission on Human Rights, Ginebra, 3 de marzo de 2005.

[28] Véase el análisis de Roni Sofer en *Ma'ariv*, 27 de septiembre de 2005.

en junio de 2006 no cambió el equilibrio de poder entre Hamás e Israel, pero proporcionó una oportunidad a los israelíes para escalar aún más su táctica y sus misiones presuntamente punitivas. Después de todo, no había claridad estratégica sobre qué hacer más allá de proseguir el ciclo interminable de acciones punitivas.

Los israelíes también siguieron dando nombres absurdos, incluso siniestros, a sus operaciones. A «Primera Lluvia» le sucedieron las «Lluvias de Verano»», nombre dado a las operaciones punitivas que comenzaron en junio de 2006, que aportaron un componente novedoso: una invasión terrestre de parte de la Franja de Gaza, que permitió al ejército matar a ciudadanos aún más eficazmente y presentarlo como una consecuencia de duros combates dentro de áreas densamente pobladas, esto es, como resultado inevitable de las circunstancias más que de la política israelí. Con el final del verano llegó la operación «Nubes de Otoño», que era aún más eficiente: el 1 de noviembre de 2006 murieron setenta civiles en menos de cuarenta y ocho horas. A finales de mes habían sido asesinados casi 200, la mitad de ellos niños y mujeres. Parte de esa actividad se desarrolló en paralelo a los ataques israelíes en Líbano, lo que la facilitaba sin despertar mucha atención externa, por no hablar de críticas.

Desde «Primera Lluvia» hasta «Nubes de Otoño» se puede ver una escalada en cada zona. En primer lugar, desapareció la distinción entre objetivos «civiles» y «no civiles»: la matanza insensata había convertido a toda la población en objetivo de la operación. En segundo lugar estaba la escalada en el empleo de todas las máquinas de matar posibles a disposición del ejército israelí. En tercer lugar, hubo un notable aumento en el número de bajas. Finalmente, y lo más importante, las operaciones cristalizaron gradualmente en una estrategia, que indica la forma en que Israel intenta resolver el problema de la Franja de Gaza en el futuro: mediante una política genocida paulatina. La gente de la Franja, no obstante, continuó resistiendo. Esto llevó a más operaciones genocidas israelíes, pero sin intentar hasta ahora volver a ocupar la región.

En 2008 las operaciones de «Verano» y «Otoño» fueron seguidas por la operación «Invierno Caliente». Como se esperaba, la nueva ronda de ataques causó aún más muertes de civiles, más de 100 en la Franja de Gaza, que fue bombardeada una vez más por aire, mar y tierra, y también fue invadida. Esta vez, al menos, pareció por un momento que la comunidad internacional estaba prestando atención. La UE y la ONU condenaron a Israel por su «uso desproporcionado de la fuerza», y lo acusaron de violar el derecho internacional; la crítica estadounidense fue «equilibrada». Sin embargo, fue suficiente para inducir a un alto el fuego, uno de tantos, que acabó siendo violado por otro ataque israelí[29]. Hamás estaba dispuesto a prolongar el cese de hostilidades y autorizó la estrategia en términos religiosos, llamándola *tahadiah*, que significa «pausa» en árabe, e ideológicamente un largo periodo de paz. También logró convencer a la mayoría de las facciones para que dejaran de lanzar cohetes hacia Israel. Mark Regev, el portavoz del gobierno israelí, lo admitió explícitamente[30].

El éxito del alto el fuego podría haberse asegurado si hubiera habido un alivio genuino del asedio israelí. Pero esto significaba en la práctica aumentar la cantidad de bienes importados a la Franja y facilitar el movimiento de personas dentro y fuera, e Israel no cumplió sus promesas a este respecto. Los funcionarios israelíes fueron muy sinceros cuando dijeron a sus homólogos estadounidenses que el plan consistía en mantener la economía de Gaza «al borde del colapso»[31]. Hubo una correlación directa entre la intensidad del asedio y la de los cohetes lanzados a Israel, como bien ilustra el diagrama preparado por el Centro Carter para la Paz:

[29] Anne Penketh, «US and Arab States Clash at the UN Security Council», *Independent*, 3 de marzo de 2008.

[30] David Morrison, «The Israel-Hamas Ceasefire», *Sadaka*, 2.ª ed., marzo de 2010, en www.david-morrison.org.uk/sadaka/papers/PAPER-The_Israel_Hamas_ceasefire.pdf.

[31] «WikiLeaks: Israel Aimed to Keep Gaza Economy on the Brink of Collapse», *Reuters*, 5 de enero de 2011.

Importación de mercancías a Gaza -
Cohetes y morteros disparados desde Gaza

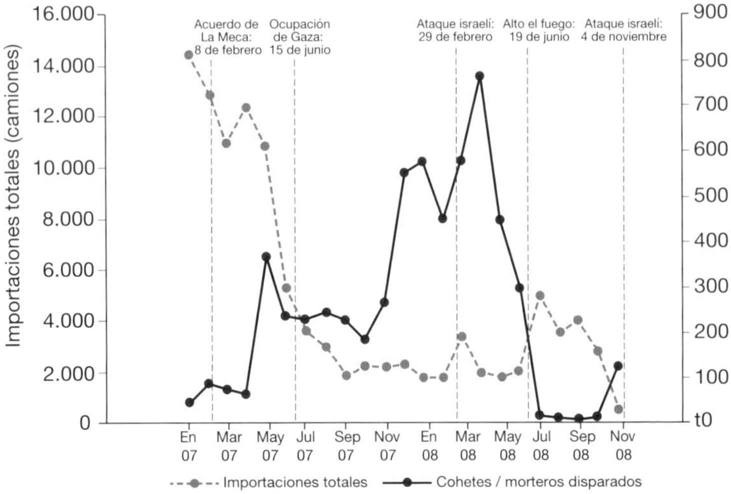

Fuente: The Carter Center, «Gaza Timeline Analysis: Movement and Fatalities», 2009.

Israel rompió el alto el fuego el 4 de noviembre de 2008, con el pretexto de que había descubierto un túnel excavado por Hamás, planeado, según se dijo, para otra operación de secuestro. Hamás venía construyendo túneles desde el gueto de Gaza para llevar comida, sacar a la gente y, de hecho, como parte de su estrategia de resistencia. Utilizar un túnel como pretexto para romper el alto el fuego equivaldría a una decisión de Hamás de violarlo, porque Israel tiene bases militares cerca de la frontera. Portavoces de Hamás afirmaron que el túnel en cuestión había sido construido por razones defensivas; nunca rehuyeron jactarse de una función diferente en otros casos, por lo que eso podría ser cierto. El grupo de solidaridad irlandés-palestino Sadaka publicó un informe muy detallado en el que ofrecía pruebas que mostraban que los israelíes sabían que no había ningún tipo de peligro en el túnel. El gobierno solo necesitaba un pretexto para lanzar un nuevo intento de destruir Hamás[32].

[32] Morrison, «The Israel-Hamas Ceasefire», cit.

Hamás respondió al asalto israelí con un aluvión de misiles que no hirieron ni mataron a nadie. Israel detuvo su ataque durante un breve periodo, exigiendo que Hamás aceptara un alto el fuego bajo sus condiciones. La negativa de Hamás llevó a la infame operación «Plomo Fundido» a finales de 2008 (los nombres en clave pasaron a ser aún más siniestros). El bombardeo preliminar no tuvo precedentes, recordando los bombardeos de saturación en Iraq en 2003. El objetivo principal era la infraestructura civil; nada se libró, golpeando y destruyendo hospitales, escuelas, mezquitas... Hamás respondió lanzando misiles a ciudades israelíes no alcanzadas anteriormente, como Beerseba y Ashdod. Hubo algunas bajas civiles, pero la mayoría de los israelíes muertos, trece en total, lo fueron por fuego amigo, mientras que en el bando palestino 1.500 personas perdieron la vida[33].

Ahora se añadió una nueva dimensión cínica: los donantes internacionales y árabes prometieron miles de millones en ayudas para reconstruir lo que Israel volvería a destruir en el futuro. Hasta el peor desastre puede resultar rentable.

La siguiente ronda llegó en 2012 con dos operaciones: «Eco de Vuelta», menor que los ataques anteriores, y la más significativa «Pilar Defensivo» en julio de 2012, que puso fin al movimiento de protesta social de ese verano, que amenazaba hacer caer al gobierno por el fracaso de sus políticas económicas y sociales. No hay nada como una guerra en el sur para disuadir de sus protestas a los jóvenes israelíes llamándolos a defender la patria. Había funcionado antes y también funcionó esta vez.

En 2012, Hamás alcanzó Tel Aviv por primera vez con misiles que causaron pocos daños y ninguna víctima. Mientras tanto, con el desequilibrio habitual, 200 palestinos fueron asesinados, incluyendo decenas de niños. Este no fue un mal año para Israel. Los gobiernos exhaustos de la UE y Estados Unidos ni siquiera condenaron los ataques de 2012; de hecho, invocaron repetidamente «el derecho de Israel a defenderse». No es de extrañar que dos años después los israelíes entendieran que podían ir aún

[33] Véase el informe de B'Tselem «Fatalities during Operation Cast Lead», en www.btselem.org/statistics/fatalities/during-cast-lead/by-date-of-event.

más lejos. La operación «Borde protector», en el verano de 2014, había sido planificada durante dos años; el secuestro y asesinato de tres colonos en Cisjordania proporcionó el pretexto para su ejecución, durante la cual murieron 2.200 palestinos. El propio Israel se paralizó por un tiempo cuando los cohetes de Hamás llegaron hasta el aeropuerto Ben-Gurion.

Por primera vez, el ejército israelí combatió cara a cara contra las guerrillas palestinas en la Franja y perdió sesenta y seis soldados. En aquella batalla entre palestinos desesperados, con la espalda contra la pared, enfurecidos por un largo y cruel asedio, y el ejército israelí, los primeros tenían la ventaja. Era como cuando una fuerza policial entra a una prisión de máxima seguridad que controlaba principalmente desde el exterior, para encontrarse con la desesperación y la resistencia de los prisioneros que han sido sistemáticamente hambreados y vapuleados. Es aterrador pensar cuáles serán las conclusiones operativas de Israel después de este enfrentamiento con valientes combatientes de Hamás.

La guerra en Siria y la consiguiente crisis de refugiados no dejaron mucho espacio para la acción internacional o el interés en Gaza. Sin embargo, parece que todo está preparado para una nueva ronda de ataques contra la gente de la Franja. La ONU ha predicho que, al ritmo actual de destrucción, para el año 2020 la Franja se habrá vuelto inhabitable, como consecuencia no solo de la fuerza militar, sino también por lo que la ONU llama «desdesarrollo», un proceso por el que se invierte el desarrollo:

> Tres operaciones militares israelíes en los últimos seis años, sumados a ocho años de bloqueo económico, han devastado la infraestructura ya debilitada de Gaza, destruyendo su base productiva sin dejar tiempo para una reconstrucción o recuperación económica y empobreciendo a la población palestina de Gaza, lo que empeoró su situación económica en relación con el nivel de las dos décadas anteriores[34].

[34] «Gaza Could Become Uninhabitable in Less Than Five Years Due to Ongoing "De-development"», UN News Centre, 1 de septiembre de 2015, en www.un.org/apps/news/story.asp?NewsID=51770.

Esta sentencia de muerte se ha vuelto aún más probable desde el golpe militar en Egipto. El nuevo régimen ha cerrado la única puerta de Gaza hacia el exterior de Israel. Desde 2010 las organizaciones de la sociedad civil han enviado flotillas para mostrar solidaridad y romper el asedio. Una de ellas fue brutalmente atacada por comandos israelíes, que mataron a nueve de los pasajeros a bordo del *Mavi Marmara* y arrestaron a los demás. Otras flotillas fueron tratadas mejor. Sin embargo, la perspectiva de 2020 sigue ahí, y parece que para rehuir esa condena a una muerte lenta, la población de Gaza necesitará algo más que pacíficas flotillas para persuadir a los israelíes de que cedan.

TERCERA PARTE
Mirando hacia el futuro

CAPÍTULO X

La solución de dos Estados es la única forma de avanzar

Este mito tantas veces repetido se suele presentar como aseveración de que hay una solución para el conflicto israelí-palestino, que nos está esperando a la vuelta de la esquina. Sin embargo, la realidad de la colonización actual de la mayor parte de Cisjordania por Israel hace improbable cualquier solución de dos Estados. Lo máximo que cabe esperar, en el mejor de los casos, es un bantustán palestino. Pero tal acuerdo político crearía un Estado sin soberanía propia, dividido en varios cantones, sin medios de protegerse o mantenerse independiente de Israel. Cualquier expectativa de una entidad más independiente, si se produjera un cambio de mentalidad milagroso por parte de Israel, no convierte la solución de dos Estados en un acto final en el conflicto. Es impensable que una lucha nacional por la liberación, con casi 150 años de edad, pudiera terminar con un gobierno autónomo condicional en solo un 20% del país. Por otra parte, ningún acuerdo o documento diplomático podría nunca decidir quién es y quién no es parte del acuerdo. Por ejemplo, sería imposible declarar palestinos a los que viven en Cisjordania, sin que lo fueran también los habitantes de la Franja de Gaza. No iría más allá de la situación actual, porque tanto la Franja de Gaza como muchas partes de Jerusalén parecen excluidas de las negociaciones y por supuesto del Estado previsto.

La solución de dos Estados, como señalé anteriormente, es una invención israelí que pretendía cuadrar un círculo. Responde a la pregunta de cómo mantener Cisjordania bajo control israelí sin incorporar a la población que vive ahí. Por eso se sugirió que parte de Cisjordania sería autónoma, un cuasi-Estado. A cambio, los palestinos tendrían que renunciar a todas sus esperanzas de retorno, a la igualdad de derechos para los palestinos en Israel, al destino de Jerusalén y a llevar una vida normal como seres humanos en su tierra natal. Cualquier crítica a este mito se suele tildar de antisemitismo. Sin embargo, en muchos sentidos, es cierto lo contrario: hay una conexión entre el nuevo antisemitismo y el propio mito. La solución de dos Estados se basa en idea de que un Estado judío es la mejor solución para el problema judío; es decir, que los judíos deberían vivir en Palestina y no en cualquier otro lugar. Esa noción es también compartida en buena medida por los antisemitas. La solución de dos Estados se basa, aunque sea indirectamente, en la suposición de que Israel y el judaísmo son la misma cosa. Por eso Israel insiste en que lo que hace, lo hace en nombre del judaísmo, y cuando sus acciones son rechazadas por gente de todo el mundo, la crítica no está dirigida únicamente contra Israel, sino también contra el judaísmo. El líder del Partido Laborista del Reino Unido, Jeremy Corbyn, suscitó muchas críticas cuando explicó, a mi juicio correctamente, que culpar al judaísmo por las políticas de Netanyahu es como culpar al islam por las acciones del Estado Islámico. Es una comparación válida, aunque hiera la sensibilidad de algunas personas[1].

La solución de dos Estados es como un cadáver sacado en la morgue de vez en cuando, al que se viste elegantemente y se presenta como un ser vivo. Cuando se ha demostrado una vez más que no le queda vida, se devuelve a la morgue. En el futuro, lo único que podría cambiar es que las Naciones Unidas admitan a Palestina como miembro de pleno derecho. Al mismo tiempo, también podríamos ver la finalización de la toma de posesión por Israel del Área C (más de 50% de Cisjordania). La tensión entre el acto simbólico en el Consejo de Seguridad de la ONU y la realidad sobre el terreno puede ser una carga excesiva para la comunidad internacional. El mejor escenario imaginable podría ser que tales circunstancias obligaran a todos a volver al tablero de dibujo *tamquam tabulam rasam* y a repensar una solución al conflicto desde el principio.

---

[1] Daniel Clinton, «Jeremy Corbyn Appears to Compare Supporters of Israel with ISIS at Release of Anti-Semitism Report», *Jerusalem Post*, 30 de junio de 2016.

La farsa terminará pronto, pacífica o violentamente, pero en cualquier caso penosamente. Parece que nada va a impedir a Israel completar su colonización de Cisjordania y su asedio a Gaza. Esto se puede lograr con la bendición internacional, pero hay bastantes políticos en Israel que parecen dispuestos a proceder sin esa bendición. En cualquier caso, Israel tendrá que usar la fuerza bruta para hacer realidad su visión de una «solución»: anexar la mitad de Cisjordania, guetizar la otra mitad, así como la Franja de Gaza, e imponer una especie de régimen de *apartheid* a sus propios ciudadanos palestinos. Tal situación hará irrelevante y obsoleto cualquier discurso sobre la solución de dos Estados.

En la antigüedad, los muertos eran enterrados con sus artefactos y pertenencias favoritas. Este próximo funeral probablemente seguirá un ritual similar. El elemento más importante para ir bajo tierra es el diccionario de la ilusión y el engaño con sus entradas famosas, como «el proceso de paz», «la única democracia en el Oriente Medio», «una nación amante de la paz», «paridad y reciprocidad» y «una solución humana para el problema de los refugiados». Desde hace muchos años se viene elaborando un diccionario de reemplazo, que define el sionismo como colonialismo, Israel como un estado de *apartheid* y la Nakba como limpieza étnica. Será mucho más fácil su distribución y uso común una vez que la solución de dos Estados haya sido declarada muerta[2].

Los mapas de la solución muerta también yacerán junto al cuerpo. La cartografía que redujo Palestina a una décima parte de su territorio histórico y que se presentó como un mapa de paz, con suerte habrá desaparecido para siempre. No hay necesidad de preparar un mapa alternativo. Desde 1967, la geografía del conflicto nunca cambió en realidad, aun cuando se transformó continuamente en el discurso de los políticos, periodistas y académicos sionistas liberales. Palestina siempre fue la tierra entre el río y el mar, y sigue siéndolo. Su fortuna cambiante se ca-

[2] Sobre ese diccionario, véase Noam Chomsky e Ilan Pappé, *On Palestine*, Londres, Penguin, 2016.

racteriza, no por la geografía, sino por la demografía. Los colonos que fueron llegando allí desde finales del siglo XIX ahora representan la mitad de la población y controlan a la otra mitad mediante una matriz de políticas racistas y de apartheid. La paz no es una cuestión de cambio demográfico, ni un rediseño de mapas: es la eliminación de esas ideologías y políticas. Quién sabe, ahora puede ser más fácil que nunca hacerlo.

El funeral expondrá la falacia de la protesta masiva israelí de 2012, al tiempo que destacará su potencial positivo. Durante siete semanas, aquel verano los judíos israelíes de clase media protestaron en gran número contra las políticas sociales y económicas de su gobierno. Para asegurar una protesta lo mayor posible, sus líderes y coordinadores no se atrevieron a mencionar la ocupación, la colonización o el *apartheid.* La fuente de todos los males, según decían, era la brutal política capitalista del gobierno. A cierto nivel tenían razón. Esas políticas impidieron que la raza dominante en Israel disfrutara plena y equitativamente de los frutos del saqueo y el despojo de Palestina. Sin embargo, una división más justa del botín no asegurará una vida normal para judíos o palestinos; solo el final del saqueo y el pillaje lo harán. Aun así, los manifestantes también expresaron su escepticismo y desconfianza con respecto a lo que sus medios y políticos les decían sobre la realidad socioeconómica; eso puede abrir la vía para una mejor comprensión de las mentiras que les han contado sobre el «conflicto» y su «seguridad nacional» durante tantos años.

El funeral debería darnos a todos energía para seguir la misma distribución de trabajo que antes. Para los palestinos sigue siendo tan urgente como siempre resolver el problema de la representación. Y las fuerzas progresistas judías en el mundo deben colaborar más activamente en el BDS y las campañas de solidaridad. En la propia Palestina ha llegado el momento de convertir el discurso de la solución de un solo Estado en acción política, y tal vez de adoptar el nuevo diccionario. Dado que la desposesión reina por doquier, la toma de posesión y la reconciliación tendrán que darse en todas partes. Si la relación entre los judíos y los palestinos debe replantearse sobre una base justa y democrática, entonces no podemos aceptar ni el viejo mapa sepultado de la solución de los dos Estados ni su lógica de partición. Esto también significa que la distinción sagrada entre los asentamientos judíos en Israel (antes de 1967) y en Cisjordania (después de 1967) debería ser enviada también a la tumba. La distinción debe hacerse, por el contario, entre los judíos que están dispuestos a discutir una reformulación de la relación, un cambio de régimen para dar a todos el mismo estatus, y los que no lo están, independientemente de dónde vivan ahora.

Si se estudia el tejido humano y político de Israel-Palestina en la actualidad hay algunos fenómenos sorprendentes en ese sentido: la voluntad de entrar en diálogo es a veces más evidente al otro lado de la línea verde que dentro de ella. Los diálogos sobre un cambio de régimen, la cuestión de la representación y la campaña BDS son parte integrante del mismo esfuerzo por llevar la justicia y la paz a Palestina. Una vez que se haya enterrado la solución de dos Estados, se habrá eliminado un obstáculo importante para una paz justa en Israel y Palestina.

CONCLUSIÓN

Israel, un estado colonial de pobladores en el siglo XXI

En 2017 la ocupación israelí de Cisjordania y la Franja de Gaza habrá alcanzado los cincuenta años de duración. Después de un periodo tan largo, el término «ocupación» se vuelve algo redundante e irrelevante. Ya han vivido bajo ese régimen dos generaciones de palestinos. Aunque ellos mismos todavía lo llamarán ocupación, lo que están viviendo está enraizado en algo mucho más difícil de vencer o cambiar: la colonización. Ese término, como señalé en los capítulos iniciales, no se aplica fácilmente al presente; suele asociarse a acontecimientos pasados. Por eso, con la ayuda de investigaciones recientes los estudiosos de Israel usan con más frecuencia otro término: colonización de pobladores.

El colonialismo se puede describir como el desplazamiento de europeos a distintas partes del mundo, creando nuevas naciones «blancas» allí donde los pueblos indígenas tuvieron alguna vez sus propios regímenes. Esas naciones solo se podían crear si los colonos empleaban dos lógicas: la lógica de la eliminación –deshaciéndose por todos los medios posibles, incluido el genocidio, de los pueblos indígenas– y la lógica de la deshumanización –considerando a los no europeos como inferiores, que por lo tanto no merecen los mismos derechos que los colonos–. En Sudáfrica esas dos lógicas gemelas condujeron a la creación del sistema del *apartheid*, fundado oficialmente en 1948, el mismo año que el movimiento sionista aplicó las mismas lógicas para poner en marcha una operación de limpieza étnica en Palestina.

Como este libro intenta mostrar, desde una perspectiva colonial de pobladores, acontecimientos como la ocupación de Cisjordania y la Franja de Gaza, el Proceso de Oslo y la desconexión de Gaza en 2005 son todos ellos parte de la misma estrategia israelí de quedarse con la mayor cantidad posible de Palestina, con la menor cantidad posible de palestinos. Los medios para lograr este objetivo han cambiado con el tiempo y aún no se ha completado. Sin embargo, es el combustible principal que alimenta el fuego del conflicto. De esta manera, la horrible conexión entre la lógica de la deshumanización y la eliminación, tan evidente en la expansión del colonialismo europeo en todo el mundo, encontró primero su camino en los Estados autoritarios de Oriente Medio. Se manifestó cruelmente, entre una multitud de otros ejemplos, en el intento de aniquilación de los kurdos por Saddam Hussein, así como en las acciones punitivas llevadas a cabo por el régimen de Assad en 2012. Luego la emplearon también grupos que se oponían a esos regímenes: el peor ejemplo son las políticas genocidas del Estado Islámico.

Esta barbarización de las relaciones humanas en Oriente Medio solo puede ser interrumpida por la propia gente de la región. Sin embargo, debería contar con la ayuda del mundo exterior. Así, la región podría volver a un pasado no tan distante, cuando el principio rector era «vivir y dejar vivir». Ninguna discusión seria sobre el fin de los abusos contra los derechos humanos en el conjunto de la región puede eludir un debate sobre los cien años de abusos contra los derechos humanos en Palestina. Los dos están íntimamente conectados. El excepcionalismo disfrutado por Israel, y antes por el movimiento sionista, se burla de cualquier crítica occidental al respecto. Toda discusión sobre el abuso de los derechos humanos de los palestinos debe incluir una comprensión del resultado inevitable de proyectos coloniales como el sionismo. Los colonos judíos son ahora una parte orgánica e integral de la tierra. No pueden ser eliminados, ni lo serán. Deben formar parte del futuro, pero no sobre la base de la opresión y la desposesión continua de los palestinos locales.

Hemos perdido años hablando de la solución de dos Estados como si tuviera relevancia para el problema descrito anteriormente; pero necesitábamos ese tiempo para persuadir, tanto a los judíos israelíes como al mundo en general, de que cuando se funda un Estado –incluso con una cultura próspera, una industria de alta tecnología y un poderoso ejército–, sobre la base de desposeer a otra gente, su legitimidad moral siempre estará en cuestión. Limitar la cuestión de la legitimidad a los territorios que Israel ocupó en 1967 nunca resolverá el núcleo del problema. Por supuesto que si Israel se retira de Cisjordania las cosas serán más fáciles, pero existe la posibilidad de que siga controlando la región de la misma manera que viene vigilando la Franja de Gaza desde 2006. Eso no acelerará el final del conflicto, solo lo transformará en un conflicto de otro tipo.

Para intentar poner en marcha una genuina resolución deberán abordarse capas históricas muy profundas. Después de la Segunda Guerra Mundial se permitió que el sionismo se convirtiera en un proyecto colonialista en un momento en que el mundo civilizado rechazaba el colonialismo, porque la creación de un Estado judío ofrecía a Europa, y en particular a Alemania Occidental, una salida fácil a los peores excesos del antisemitismo nunca vistos. Israel fue el primero en declarar su reconocimiento de «una nueva Alemania» y a cambio recibió gran cantidad de dinero, pero también, lo que era mucho más importante, carta blanca para convertir a toda Palestina en Israel. El sionismo se ofreció a sí mismo como la solución al antisemitismo, pero se convirtió en la razón principal de su presencia continua. El «acuerdo» tampoco logró desarraigar el racismo y la xenofobia que todavía bullen en el corazón de Europa y que produjeron el nazismo en el continente y un brutal colonialismo fuera de él. Ese racismo y esa xenofobia se vuelven ahora contra los musulmanes y el islam; dado que están íntimamente relacionados con la cuestión Israel-Palestina, se podrían reducir una vez que se encuentre una respuesta genuina para ese problema.

Todos merecemos un mejor final para la historia del Holocausto. Esto podría implicar que una fuerte Alemania multicultural mostrara el camino al resto de Europa; que la sociedad estadounidense afronte valientemente los crímenes raciales de su pasado que todavía resuenan hoy; que el mundo árabe expurgue su barbarie y su inhumanidad.

Nada de eso podrá suceder si seguimos cayendo en la trampa de tratar mitologías como verdades. Palestina no estaba vacía y el pueblo judío tenía patrias; Palestina fue colonizada, no «redimida»; y su gente fue desposeída en 1948, no se marchó de allí voluntariamente. Los pueblos colonizados, afirma la Carta Fundacional de la ONU, tienen derecho a luchar por su liberación, incluso con un ejército, y el final exitoso de su lucha radica en la creación de un Estado democrático que incluya a todos sus habitantes. Una discusión sobre el futuro, liberada de los diez mitos sobre Israel, no solo ayudará a traer la paz a Israel y Palestina, sino que también ayudará a Europa a cerrar adecuadamente los horrores de la Segunda Guerra Mundial y la época oscura del colonialismo.

POSFACIO

¿Por qué insiste Israel en eliminar el contexto y la historia en la guerra de Gaza?

La deshistorización de los sucesos permite a Israel llevar a cabo una política genocida en Gaza

Israel respondió de forma cortante a una declaración del secretario general de la Organización de las Naciones Unidas, Antonio Guterres, el 24 de octubre de 2023. El máximo responsable de la ONU había afirmado en un discurso pronunciado ante el Consejo de Seguridad que aunque condenaba enérgicamente la masacre perpetrada por Hamas el 7 de octubre quería recordar al mundo entero que las cosas siempre suceden por algo. Señaló que la tragedia de aquel día no podía explicarse sin aludir a los cincuenta y seis años de ocupación por parte de Israel.

El gobierno israelí condenó esta declaración de forma inmediata. Funcionarios de Israel exigieron la dimisión de Guterres afirmando que apoyaba a Hamas y justificaba la masacre llevada a cabo por este movimiento. Los medios de comunicación israelíes se subieron al carro sin dilación, señalando, entre otras cosas, que el máximo representante de la ONU había hecho gala de «un sorprendente nivel de corrupción moral».

Esta reacción podría dar lugar a una nueva forma de antisemitismo. Hasta el 7 de octubre, los israelíes habían definido el antisemitismo como la crítica al Estado de Israel y la puesta en cuestión del fundamento moral del sionismo. A partir de esa fecha, también ha empezado a considerarse antisemita la contextualización e historización de lo sucedido.

La deshistorización de estos sucesos ayuda a Israel y a los gobiernos de Occidente a poner sobre la mesa una política que habían soslayado hasta el momento.

Israel ha utilizado el ataque del 7 de octubre como pretexto para desatar una política genocida en la Franja de Gaza. El atentado también ha proporcionado una excusa a los Estados Unidos para reforzar su presencia en Oriente Medio y ha permitido a algunos países europeos recortar y vulnerar libertades democráticas en nombre de una nueva «guerra contra el terror».

No podemos ignorar los diversos contextos históricos en los que se inscriben los sucesos acaecidos en Israel-Palestina. Debemos remontarnos a mediados del siglo XIX, cuando los evangelistas cristianos de Occidente convirtieron la idea del «retorno de los judíos» en un imperativo religioso milenarista, señalando que la fundación de un estado judío en Palestina era un paso necesario para que pudieran tener lugar la resurrección de los muertos, el segundo advenimiento del Mesías y el fin de los tiempos.

Desde finales del siglo XIX, en los años inmediatamente anteriores al inicio de la Primera Guerra Mundial, la teología se hizo política por dos razones fundamentales.

En primer lugar, hay que tener en cuenta los intereses de los británicos que tras derrotar al Imperio otomano querían integrar algunos de sus territorios en su propio Imperio. Por otro lado, la idea de que el sionismo sería el remedio definitivo contra el antisemitismo rampante en Europa Central y del Este, que había desencadenado una indeseada ola migratoria de judíos hacia Gran Bretaña, fue bien recibida por ciertos sectores de la aristocracia británica: judíos y cristianos se dejaron cautivar por esta posibilidad.

Fue la fusión de ambas ideas la que, en 1917, llevó al Gobierno británico a hacer pública la famosa y denostada Declaración Balfour.

Pensadores y activistas judíos redefinieron el judaísmo en clave nacionalista, describiendo a Palestina como un lugar de ensueño que daría lugar al «renacer de la nación judía», con la esperanza de poder proteger así a aquellas comunidades judías de Europa cuya existencia se veía amenazada.

Durante este proceso de redefinición, el proyecto intelectual y cultural sionista se fue convirtiendo en un proyecto colonial de pobladores, cuyo objetivo era judaizar la Palestina histórica sin tener en cuenta que el territorio estaba habitado por una población autóctona.

La sociedad palestina era arcaica y por entonces se hallaba inmersa en un temprano estadio de modernización y construcción de una identidad nacional que acabó dando lugar a su propio proyecto anticolonial. Su primera acción significativa contra el proyecto de colonización sionista fue el levantamiento de al-Buraq de 1929 y su lucha no ha cesado desde entonces.

Otro de los contextos históricos de gran relevancia para la crisis actual fue la limpieza étnica llevada a cabo en Palestina en 1948[1], que supuso la expulsión de los palestinos de los pueblos de la Franja de Gaza sobre cuyas ruinas se alzan algunos de los asentamientos israelíes atacados el 7 de octubre. Estos palestinos desarraigados pasaron a formar parte de los 750.000 palestinos que perdieron sus hogares y engrosaron el número de refugiados.

El mundo tomó nota de esta limpieza étnica, pero no la condenó, de manera que Israel ha seguido recurriendo a este procedimiento para obtener un control total sobre la Palestina histórica lidiando con el menor número posible de pobladores autóctonos. Pensemos, por ejemplo, en la expulsión de 300.000 palestinos tras la guerra de 1967 y en los más de 600.000 expulsados de la Franja de Gaza, Jerusalén y Cisjordania desde entonces.

Conviene mencionar asimismo el contexto en el que ha tenido lugar la ocupación israelí de Cisjordania y la Franja de Gaza. En los últimos cincuenta años, las fuerzas de ocupación de Israel han castigado duramente y de forma colectiva a los palestinos de esos territorios, arrestando a cientos de miles de ellos y permitiendo que tanto los colonos israelíes como sus fuerzas de seguridad impusieran todo tipo de trabas a los palestinos.

Estas durísimas medidas alcanzaron proporciones inauditas tras la victoria en las urnas de un gobierno fundamentalista y mesiánico en 2022. El número de palestinos muertos, heridos y detenidos se disparó en Cisjordania y el gobierno israelí endureció notablemente sus políticas en torno a los lugares sagrados de cristianos y musulmanes en Jerusalén.

Por último, hay que tener en cuenta los dieciséis años de asedio a los que Israel ha sometido a la Franja de Gaza, donde casi la mitad de la población son niños. La Organización de las Na-

[1] Ilan Pappé, *La limpieza étnica de Palestina*, cit.

ciones Unidas ya advirtió en 2018 que, hacia 2020, la Franja de Gaza dejaría de ser un lugar adecuado para la vida humana.

Tampoco debemos olvidar que lo que dio lugar a este asedio fue la victoria de Hamas en unas elecciones democráticas celebradas en Gaza tras la retirada unilateral de Israel. Y lo que es más importante: recordemos que, tras los acuerdos de Oslo de la década de 1990, Israel cercó la Franja de Gaza, rodeándola de alambradas y separándola así de los territorios ocupados de Cisjordania y Jerusalén Oeste.

El aislamiento de la Franja de Gaza, las alambradas que la rodean y la progresiva judaización de Cisjordania han sido indicios claros de que, para los israelíes, los acuerdos de Oslo no eran un camino hacia la paz sino una herramienta para proseguir la ocupación por otros medios.

Israel empezó a controlar los accesos y salidas al gueto en el que se había convertido Gaza, supervisando incluso el tipo y el volumen de los alimentos introducidos en la zona, limitándolo, en ocasiones, al número de calorías necesarias para la supervivencia. Hamas reaccionó contra este asedio paralizante disparando algunos misiles sobre zonas habitadas por civiles israelíes.

Según el gobierno de Israel, estos ataques se debieron a la ideología defendida por el movimiento Hamas, cuyo único deseo, denunciaban, era el de matar judíos: una nueva forma de nazismo. Se hizo así caso omiso de la Nakba, que conmemora el inicio del éxodo de palestinos tras la fundación del Estado de Israel, así como del asedio, bárbaro e inhumano, emprendido contra dos millones de personas y la opresión desatada en otras zonas de la Palestina histórica.

Ante esta situación, y por diversas razones, Hamas fue el único grupo palestino que prometió vengarse señalando que adoptaría represalias. Sin embargo, su forma de reaccionar podría provocar su hundimiento en la Franja de Gaza y servir de excusa para legitimar la opresión del pueblo palestino.

No cabe justificar en modo alguno la brutalidad del ataque que han acabado perpetrando, pero sí podemos aclararlo y contextualizarlo. Por terrible que fuera, la mala noticia es que, pese al enorme coste humano que ha supuesto para ambas partes, no estamos ante un suceso novedoso o rompedor. ¿Qué significa esto para el futuro?

Israel no dejará de ser un estado fundado por un movimiento colonial de pobladores, lo que seguirá determinando su ADN político y su carácter ideológico. El resultado es que, por mucho que tienda a presentarse como la única democracia de Oriente Medio, es y seguirá siendo una democracia solo para los ciudadanos judíos.

Hay indicios claros de que volverá a estallar la lucha interna entre lo que podríamos denominar el Estado judío, promovido por quienes desean reforzar la teocracia y el racismo, y el Estado de Israel que prefiere mantener el *statu quo* vigente hasta el 7 de octubre.

Como bien han señalado una serie de organizaciones dedicadas a la protección de los derechos humanos, Israel es y seguirá siendo un estado basado en el *apartheid*, al margen de cómo evolucione la situación en Gaza. Los palestinos no desaparecerán y continuarán su lucha de liberación, con muchas sociedades civiles alineándose con ellos y sus gobiernos apoyando a Israel y otorgándole inmunidad excepcional.

La única salida a este conflicto es la instauración en Israel de un régimen que garantice iguales derechos a toda la población, del Jordán al Mediterráneo, y posibilite el retorno de los refugiados palestinos. Nada más podrá acabar con este círculo vicioso de derramamiento de sangre.

CRONOLOGÍA

1881	Oleadas de pogromos rusos que duraron hasta 1884. Aparece en Europa el movimiento sionista.
1882	Primera Aliyah (1882-1904). Fundación en Palestina de Rishon LeZion, Zichron Yaacov y Rosh Pina.
1897	Primer Congreso Sionista en Basilea. Creación del Congreso Sionista Mundial.
1898	Segundo Congreso Sionista.
1899	Tercer Congreso Sionista.
1901	Se funda el Fondo Nacional Judío (JNF).
1904	Segunda Aliyah (1904-14).
1908	Se crea la Oficina Palestina (en 1929 se convirtió en la Agencia Judía).
1909	Se funda Degania, el primer *kibbutz* (Kvutzat Degania). Construcción de Tel Aviv. Fundación de Hashomer.
1915-1916	Correspondencia Hussein-McMahon.
1916	Acuerdo Sykes-Picot.
1917	Declaración Balfour. Gran Bretaña ocupa Palestina y gobierna a través de una administración militar (hasta 1920).
1920	Se fundan la Haganah e Histadrut. La Conferencia de San Remo otorga a Gran Bretaña el Mandato sobre Palestina.
1922	Gran Bretaña reconoce Transjordania como una entidad política separada y a Amir Abdullah como su gobernante. El Congreso de Estados Unidos respalda la Declaración Balfour.

1923 Se autoriza el mandato británico sobre Palestina y Transjordania, primero por la Sociedad de Naciones y luego en el Tratado de Lausana.

1931 El Irgun se separa de la Haganah.

1936 Estalla una rebelión árabe que durará hasta 1939.

1937 Comisión Real de Peel.

1940 «Lehi» (la banda Stern) se separa del Irgun. Se lanza el Proyecto de Archivos de Aldeas.

1946 Comisión Angloamericana de Investigación.

1947 Gran Bretaña anuncia el final del Mandato y transfiere la cuestión de Palestina a la ONU. La ONU forma un comité especial, UNSCOP, que recomienda la partición, que es aprobada por la Asamblea General de las Naciones Unidas (Resolución 181).

1948 Limpieza étnica en Palestina: finaliza el Mandato británico, se funda el Estado de Israel, que es reconocido por Estados Unidos y la URSS. Israel entra en guerra contra tropas que entran en Palestina desde los países árabes vecinos mientras completa la expulsión de la mitad de la población de Palestina, demoliendo la mitad de sus aldeas y vaciando y destruyendo once de sus doce ciudades.

1949 Resolución 194 de la Asamblea General de las Naciones Unidas (que pide el regreso de los refugiados palestinos). Acuerdos de armisticio entre Israel, Egipto, Jordania, Líbano y Egipto. Se impone el gobierno militar sobre el resto de ciudadanos palestinos dentro de Israel, que permanecerá en funciones hasta 1966.

1950 Comienza la inmigración de judíos de los países árabes.

1956 Israel se une a Gran Bretaña y Francia en una guerra contra Nasser en Egipto, ocupando la Península del Sinaí y la Franja de Gaza. Masacre de Kafr Qasim.

1959 Disturbios de Wadi Salib (disturbios de Mizrahi en Haifa protestando contra la discriminación).

1963 Fin de la era Ben-Gurion.

1967 Guerra de los Seis Días: Israel ocupa el Sinaí y la Franja de Gaza, los Altos del Golán, Jerusalén Este y Cisjordania. UNSC La resolución 242 del Consejo de Seguridad de las Naciones Unidas insta a Israel a retirarse de todos los territorios ocupados. Comienza el proyecto de asentamiento israelí en Cisjordania y Gaza.

1973 Guerra de Octubre: Israel ocupa parte de Egipto y retiene el control de los Altos del Golán después de un conflicto sangriento que sorprendió al Estado.

1974 La Resolución 338 del Consejo de Seguridad de la ONU reafirma los derechos de los palestinos a la autodeterminación y a la independencia nacional.

1976 Protestas del día de la tierra de los palestinos en Israel contra la judaización de Galilea.

1977 El Likud dirigido por Menachem Begin gana las elecciones nacionales después de treinta años de gobierno laborista. El presidente Anwar Sadat de Egipto visita Jerusalén e inicia conversaciones bilaterales con Israel.

1978 Se firma un tratado de paz entre Israel y Egipto. Ataque de la OLP en Tel Aviv correspondido por la Operación «Litani»; Israel ocupa parte del sur del Líbano.

1981 Anexión de los Altos del Golán a Israel.

1982 Devolución del Sinaí a Egipto. Operación «Paz para Galilea» en la que Israel invade el Líbano en un intento de destruir a la OLP

1987 La primera Intifada palestina.

1989 Colapso de la URSS y migración masiva a Israel de judíos y no judíos de todo el Bloque del Este.

1991 Primera Guerra del Golfo. Estados Unidos convoca la conferencia internacional sobre Palestina en Madrid.

1992 Los laboristas vuelven al poder y Yitzhak Rabin se convierte en primer ministro por segunda vez.

1993 La OLP e Israel firman la Declaración de Principios de Oslo en la Casa Blanca.

1994 Se forma la Autoridad Nacional Palestina y Yasir Arafat, el presidente de la OLP, llega a los territorios ocupados para convertirse en presidente de la ANP. Israel y Jordania firman un tratado de paz.

1995 Se firma el acuerdo Oslo II (acuerdo interino para el control palestino de parte de Cisjordania y la Franja de Gaza). Yitzhak Rabin es asesinado.

1996 El Likud regresa al poder y se forma el primer gobierno de Benjamin Netanyahu.

1999 El laborista Ehud Barak es elegido como primer ministro.

2000 Israel se retira del sur del Líbano. Estalla la Segunda Intifada.

2001 Ariel Sharon, jefe del Likud, elegido como primer ministro. Más tarde forma su propio partido (Kadima) y gana las elecciones de 2005.

2002 Se aprueba el proyecto del muro de Cisjordania; su construcción comienza en 2003.

2005 Sharon reelegido. Se lanza el movimiento Boicot, Desinversión y Sanciones. Israel evacua los asentamientos y las bases militares de Gaza.

2006 Hamás gana las elecciones para el segundo Consejo Legislativo Palestino (CLP). Israel, el Cuarteto de Oriente Medio (Estados Unidos, Rusia, las Naciones Unidas y la Unión Europea), varios Estados occidentales y los Estados árabes imponen sanciones a la Autoridad Palestina, suspendiendo toda la ayuda extranjera. Comienza el asedio a Gaza. Segunda guerra del Líbano y asalto israelí a la Franja de Gaza.

2006 Ehud Olmert es elegido primer ministro (en febrero de 2016 Olmert comenzó a cumplir una condena de diecinueve meses de prisión por soborno y obstrucción a la justicia).

2008 Guerra de Gaza: Operación «Plomo Fundido». La ONU y las organizaciones de derechos humanos cuentan más de 1.400 palestinos muertos, de los que 926 eran civiles desarmados. Tres civiles y seis soldados israelíes fueron asesinados.

2009-2013 Segundo gobierno de Netanyahu.

2011 Protesta social en todo Israel (el Movimiento de las Tiendas).

2012 Operación «Pilar de la nube». Cuatro civiles y dos soldados israelíes murieron en ataques con cohetes palestinos. Según la ONU, murieron en total 174 palestinos, 107 de ellos civiles.

2013-2015 Tercer gobierno de Netanyahu.

2014 Operación «Borde protector». Según las principales estimaciones, entre 2.125 y 2.310 habitantes de Gaza fueron asesinados (1.492 civiles, incluidos 551 niños y 299 mujeres), y entre 10.626 y 10.895 fueron heridos (incluyendo 3.374 niños, de los que 1.000 quedaron permanentemente discapacitados). Sesenta y seis soldados israelíes, cinco civiles israelíes (incluido un niño) y un civil tailandés fueron asesinados, y 469 soldados de las FDI y 261 civiles israelíes resultaron heridos. Israel destruyó unas 17.000 casas y parcialmente otras 30.000.

2015 Cuarto gobierno de Netanyahu.

2020-2021 Pandemia mundial de covid-19.

2022 Netanyahu, nuevamente primer ministro a la cabeza de un gobierno de coalición.

2023 El 7 de octubre el brazo armado de Hamás lanza la operación «Inundación de Al-Aqsa» en el sur de Israel, que arroja más de un millar de israelíes muertos y en torno a 240 secuestrados, y cifras similares entre los milicianos palestinos; la brutal respuesta militar israelí, la operación «Espadas de Hierro» en curso, se cobra la vida de decenas de miles de gazatíes; la amenaza de una nueva Nakba se cierne sobre los territorios palestinos.

Deseo agradecer a mi amigo Marcelo Svirsky la compilación de esta cronología.

ÍNDICE

TERCERA PARTE
MIRANDO HACIA EL FUTURO